Heinz Paulisch

Splitter und Späne

D1699821

Heinz Paulisch

Splitter und Späne

Fragmente · Gedichte · Reisebilder

Impressum

Heinz Paulisch: Splitter und Späne
1. Auflage · Berlin
Copyright © 2019 by Heinz Paulisch

ISBN: 978-3-748547-93-8

Alle Rechte vorbehalten. Reproduktionen, Speicherung in Datenverarbeitungsanlagen, Wiedergabe auf elektronischen, fotomechanischen oder ähnlichen Wegen, Funk und Vortrag – auch auszugsweise – nur mit Genehmigung des Copyrightinhabers.

Lektorat: Dr. Heidrun Adriana Bomke · Poesie des Lebens – Lebendig schreiben · www.heidrunbomke.de

Umschlaggestaltung: Konradin Resa

Grafik & Design: Konradin Resa

Selbstverlag: Heinz Paulisch, Nibelungenstraße 5 A, 14109 Berlin

Druck: epubli – ein Service der neopubli GmbH, Berlin

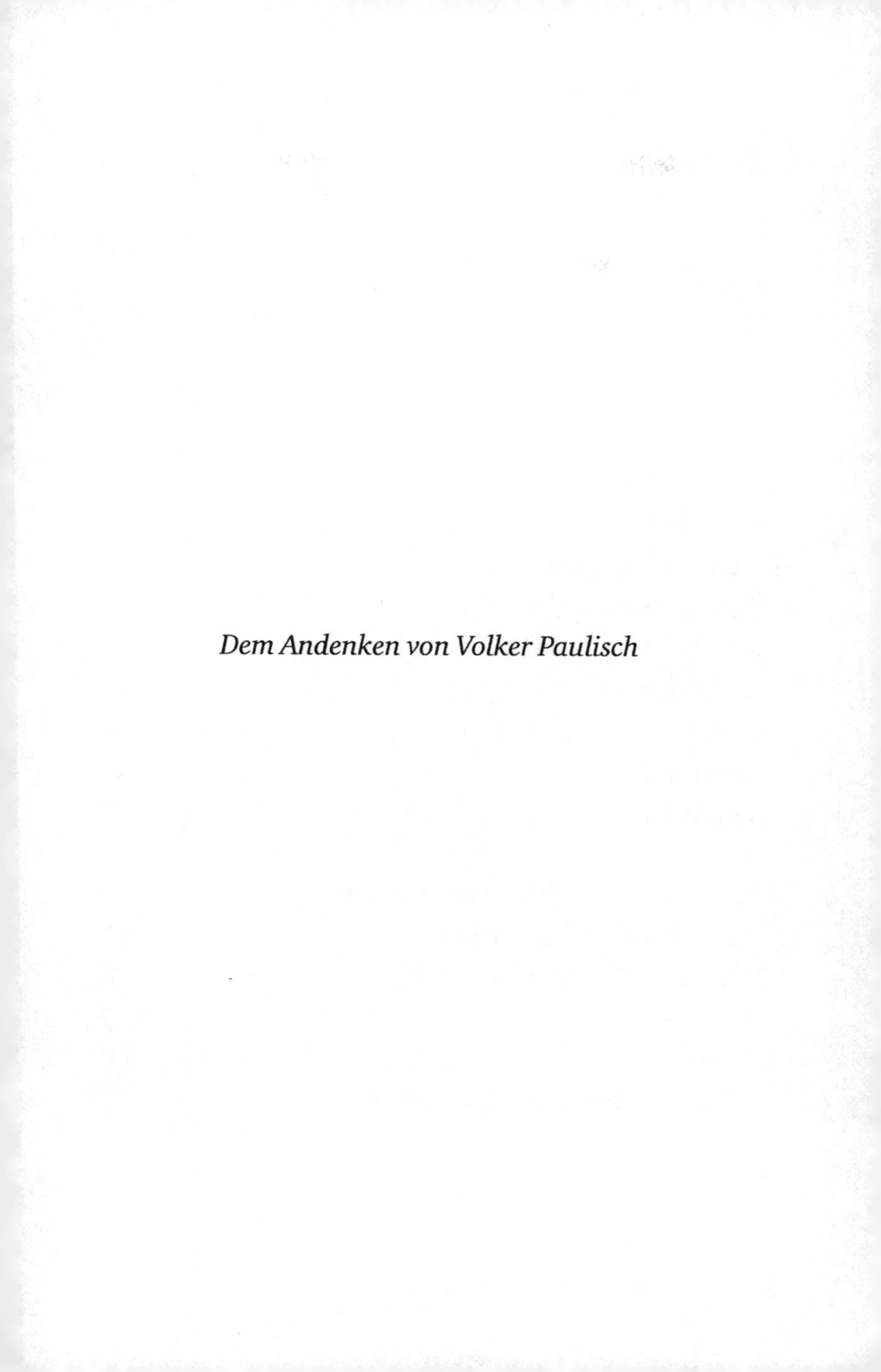

Dem Andenken von Volker Paulisch

Inhalt

Über den Autor 10

Fragmente

Autobiografie 16
Bubo bubo 18
Mein Kriegsende 24
Tinteholen 27
Als die alten Zeiten vorbei waren 34
Wie ich meinen Vater als Soldat erlebte 45
Wie ich zu meinem Beruf kam 51
Schwäche 66
Zeit haben 79
Älterwerden 81
Rede des Vaters an den Sohn 96
Ein Hausierer vor der Tür 107
Mensch – vier Fragmente 110
Einen Wunsch äußern dürfen 114
Liebe 116
Glaube, Liebe, Hoffnung, diese drei ... 119
Anekdote 122

Gedichte

Parfum 126
Erfahrungen 127
Kummer 128
Homunculus 129
Anrufung 131
Prometheus 132
Machos Lied von der Lustlosigkeit 133
Rendezvous 137
Ich schenke dir meine Tränen 138
Hymnus 139
Einem Kind ins Poesiealbum geschrieben 140
Auf der Suche nach der sozialistischen Persönlichkeit 142
Abschied von den vier Mächten 144
Archäologie 146
Hindsholm I 147
Näset – Skattungen – Abend 148

Reisebilder

Traum im Stress 152
Fjällwanderung 157
In Frankreich 174
Polenreise 1998 207
Urlaub – Der Traum vom Leben 229
Brief an Werner und Barbara 248
Strindberg 255
Midsommar 259
Hindsholm II 270

Spuren

Spuren 274
Schlussbemerkung 276
Begleitworte 278

Über den Autor

Heinz Paulisch wurde im März 1937 als erstes von vier Kindern in Berlin-Lichterfelde geboren. Als er eingeschult wurde, war die Familie vor dem Schutz der Bombenangriffe während des Zweiten Weltkrieges in das ländliche Klötzen (Kłecko) bei Gnesen (Gniezno) evakuiert worden, in immerwährender Sorge um den fernen Vater, der als Soldat in Russland war. Im Januar 1945 rückte die Front näher, die Familie floh zu Bekannten in die Nähe von Kiel. Bald, nach der Heimkehr des Vaters aus der Kriegsgefangenschaft, zog es die Familie wieder nach Berlin. Als Baumeister und Architekt *„krempelte Vater die Ärmel hoch, Berlin wiederaufzubauen“*, berichtete Heinz Paulisch seinem Sohn Svante, dem er oft „Frühergeschichten“ aus seiner Kindheit und Jugend erzählte.

Ein Freigeist war Heinz Paulisch schon immer. Von Kindesbeinen an büxte er, so oft es ihm gelang, von zu Hause aus, um seine Großmutter zu besuchen. Sie brachte ihm nicht nur den Zauber der Buchstaben und Worte bei, lehrte ihn das Kochen und Nähen, sondern unterwies ihn in allen lebenswichtigen Dingen, die ein moderner junger Mann wissen sollte.

Insgesamt war Großmutter ihrer Zeit voraus: Als emanzipierte und selbstbewusste Frau, Witwe eines höheren Reichsbahnangestellten, genoss sie das seltene Privileg der kostenlosen Zugfahrt. Im Garten sitzend, selbstgebrauten Kräutertee trinkend, schwärmte sie dem Enkel von ihren vielen Reisen vor. – Dieser Floh sollte ihn bald durch ganz Europa treiben, über den Brenner nach Italien – auf dem Fahrrad!

Dem traditionellen System Schule, zumindest wie er es selbst im Deutschland der 1940er und 1950er Jahre erleben musste, konnte Heinz Paulisch noch nie etwas abgewinnen. Bereits im Alter von sechzehn Jahren fing er im Baugeschäft des Vaters an und absolvierte zunächst eine Maurerlehre. Später schloss er ein Studium an der Fachhochschule zum Bauingenieur ab.

Die erste große Liebe – sie war die Nichte eines Nachbarn und stammte aus Stockholm – lockte ihn 1957 das erste Mal nach Schweden: wieder auf dem Fahrrad!

Schweden! – Stockholm, die Schären, Dalarna!

Es war tatsächlich Liebe auf den ersten Blick, und eine Liebe ist es geblieben!

Für die persönliche Freiheit des Menschen tritt Heinz Paulisch oft ein und unterstreicht sie als ein hohes Gut. So sind Erlebnisse wie der Mauerbau 1961 oder seine persönlichen Erkenntnisse als freiberuflicher Architekt, ständig von Folgeaufträgen abhängig zu sein, maßgebend für den Entschluss, ein *freies* Leben fortsetzen zu wollen.

Während seines Psychologiestudiums an der FU Berlin bei Professor Holzkamp durchlebte er eine erste Ehe, aus der drei Söhne hervorgingen. Dazu die heiße Phase der Studentenbewegung sowie die sogenannten 1968er Jahre. Die für das Studium notwendigen Praktika absolvierte er in Schweden, an einer Behörde, die für die Förderung von Menschen mit Behinderung zuständig ist.

Brigitte traf er dann etwas später. – Ausgerechnet an einem Ort, der ihm vorher so verhasst war – in der Schule! Gemeinsam eröffneten sie eine Psychologische Praxis für Entwicklungs-Rehabilitation, Früherkennung und Frühförderung entwicklungsbehinderter Kinder.

Die zusammengetragenen Erkenntnisse aus Schweden und die regelmäßig besuchten Kongresse in Brixen, machten beide frühzeitig zu gesuchten Fachleuten im Bereich Integration, MCD und ADHS für betroffene Kinder und deren Eltern, lange bevor diese Themen in den Fokus kamen. Seither hat Heinz Paulisch, der immer noch einen 1000-Lire-Schein mit dem Konterfei von Maria Montessori in seinem Portemonnaie trägt, einen besonderen Respekt für engagierte Lehrer. Ein eben solcher war sein Cousin Volker Paulisch, mit ihm verband er eine innige Freundschaft und sie teilten einen besonderen Humor.

Im Jahre 1996 ging für Heinz Paulisch ein lang gehegter Traum in Erfüllung: Endlich ein eigenes kleines rotes Schwedenhäuschen, direkt am See. Selbst geplant, mit Svante selbst ausgebaut. Kaum war es im Herbst 1998 fertiggestellt, ereilte ihn im Frühjahr 1999 der erste von mehreren Schlaganfällen. Auch wenn seither seine Selbstständigkeit eingeschränkt ist, so hat er sich bis heute seinen unglaublichen Scharfsinn, Humor und Freigeist bewahrt.

Heinz Paulisch wohnt in Berlin und lebt (im Sommer) in Schweden.

Svante Paulisch, Januar 2019

Fragmente

Autobiografie

Als der Krieg begann, war ich zweieinhalb Jahre alt. Erst 25 Jahre nach seiner Beendigung habe ich zu leben begonnen.

Typisch Spätentwickler.

Erfahrungen lassen mich am Menschen zweifeln.
Keine „Krone der Schöpfung".
Diese Erkenntnis verdränge ich und bin gegen alle Vernunft Optimist.

Hoffnung und Zuversicht sind mein Beruf.

Illusionen sind meine Nahrung.
Über Filme und Politiker habe ich keine.

Ich wohne in Berlin.
Und lebe in Schweden.

Ich liebe meine Frau,
meine vier Söhne,
meine Freunde.

Menschen.
Wie schön, hätten sie es weniger schwer mit mir!

02.06.1992

Bubo bubo

Epitaph für einen Freund

Er hieß eigentlich Hansi.
Ich nannte ihn Bubo bubo.
Aber erst später.

Hansi Meier.
Sohn von Fritz und Else Meier.

Else Meier war mit uns irgendwie verwandt, was sich darin zeigte, dass unsere Familien zuweilen einander besuchten.

Hansi Meier war fünfzehn, als er etwas mit mir anfangen konnte.

Fünfzehn!
Das war für mich, den Dreijährigen, so unvorstellbar viel, dass ich Hansi nur immer anstaunte.

Trank man bei Meiers Kaffee, so nahm mich Hansi bald mit in sein Zimmer.

Dort gab es eine Modelleisenbahnanlage.
Hansi hatte sie so gebaut, dass sie entlang der Wand rings um das ganze Zimmer führte.
Auch oberhalb des Bettes und über den Schreibtisch führten die Geleise.

Hansi imponierte mir sehr, denn er hatte seinen Kleiderschrank ausgesägt und einen Tunnel hindurchgelegt.
Hansi hatte Fabriken gebastelt und eine ganze Landschaft modelliert.
In den Zimmerecken gab es Ortschaften, bei denen wir die Züge halten lassen konnten, wenn wir die Anlage nicht automatisch laufen lassen wollten und nur zugucken.
Für eine Erfindung bewunderte ich Hansi besonders: Wenn draußen an der Zimmertür ein rotes Licht brannte, wussten Hansis Eltern, dass sie sein Zimmer nicht betreten durften. Dann war innen ein Brett vor die Tür geklappt, welches die Verbindung zwischen Amselstetten und Obernberg sicherstellte.

Die Eisenbahn war Hansis ganzer Stolz, an sie ließ er nicht einmal seine Eltern. Umso verwunderter waren sie, als sie mitbekamen, dass ich selbst dann mit ihr weiterspielen durfte, als Hansi zu seiner HJ-Gruppe musste.

Waren Meiers hingegen bei uns zu Besuch, verschwanden wir nicht etwa in meinem Zimmer, wo es allenfalls eine Eisenbahn zum Aufziehen gegeben hätte, sondern wir liefen, so schnell wir konnten, zu Hansi nach Hause.

Meiers wohnten hinter der Eisenbahn, gleich neben Böttcher & Eschenhorn; dort, wo heute die Fabrik von Coca-Cola ist.
Es war also nicht weit, dennoch dauerte es uns immer zu lange, bis wir bei Hansi ankamen.
Von Hansi lernte ich Dauerlauf. Und meistens fasste er mich an der Hand: *„Komm, Schnecke, so geht es schneller!“*
Wenn wir nicht spielten, erzählte mir Hansi, was er in der Schule gelernt hatte.
Vom Uhu etwa, der ein besonders kluger Vogel sei.
Hansi sagte auch, dass man den Uhu Bubo bubo nenne, dass der Vogel Tag und Nacht gut sähe, aber meistens nachts jage, weil er dann leichter Beute mache. Bubo bubo könne ungefähr vierzig verschiedene Töne bilden, sie sogar miteinander kombinieren und sie zur Verständigung benutzen.
Und seine Erzählungen bereicherte Hansi mit Bildern aus seinen Büchern.

Hansi wusste über alles gut Bescheid, besonders

über Bubo bubo.
Deshalb sagte ich auch „*Bubo bubo*“ zu ihm, als er mich wieder „*Schnecke*“ nannte.
Das ärgerte ihn aber gar nicht, sondern er freute sich über meinen Einfall.

Ich besuchte Hansi auch, als er sich auf das Abitur vorbereitete und seine Eltern mich wohl als Störung ansahen. Bubo bubo hatte es erlaubt, und das überwog die Besorgnis seiner Eltern.

Gestört hat ihn etwas anderes.
„*Stell dir vor, ich bin heute gemustert worden!*“, sagte er eines Tages.
Als ich verwundert die Muster an ihm suchte, lachte er herzlich über meinen Irrtum und klärte mich über den wahren Sachverhalt auf.

Bubo bubo bestand die Abiturprüfung.
Drei Tage später war er bereits auf dem Wege nach Russland.
>*Zur Ausbildung an die Front*<, so habe auf dem Gestellungsbefehl gestanden.

Dann kam ein Feldpostbrief:

„*Liebe Schnecke, ich war lange unterwegs und*

morgen wird mein erster Einsatz sein. Ich denke an Euch alle in Berlin, besonders an Dich, denn Du sollst ja in ein paar Wochen in die Schule kommen. Weißt Du noch, wie wir immer in meinem Zimmer über die klugen Eulen sprachen? Mir hat es immer Spaß gemacht, wenn ich Dir etwas beibringen konnte. Und nun hoffe ich, dass Du gute andere Lehrer bekommen wirst. Es ist immer schön, wenn man etwas lernen darf, nur leider ist nicht alles schön, was man lernen muss. Daran denke, wenn Du in der Schule bist. Und auch sonst. In der kurzen Zeit, die ich von Euch fort bin, habe ich wohl mehr gelernt, als in meiner ganzen Schulzeit. Seither gibt es in mir eine Ahnung, dass wir Menschen nicht so weit sind wie die Eulen. Wir haben nicht verstanden, uns im Leben einzurichten. Ich bin sicher, alles könnte viel schöner sein!
Sei umarmt, liebe Schnecke, und grüße alle von Deinem Bubo bubo.
P.S.: Meine Eltern sollen Dir meine Eisenbahn geben!"

Das war Hansis letztes Lebenszeichen.

Wenige Tage später, am 29. August 1943, ist unsere ganze Gegend bei einem Bombenangriff zerstört worden.

Die Nachricht vom >*Heldentod*< des Schützen Hans Meier gelangte nur über Umwege in die Hände seiner Eltern. Else Meier, bis dahin kerngesund, litt seitdem an schwerem Asthma.

Mein Kriegsende

Im Auto mit Kaufmann Hansen von Bad Schwartau über Preetz nach Schönberger Strand.
Mit Holzgasantrieb.
Schnell ging das nicht.

Herr Hansen musste dauernd Holz in den Kessel werfen. Er wollte eine „*Partie*“ Mohrrüben aus Preetz holen. Da durften wir mitfahren: mit Sack und Pack.

Immer Ausschau halten nach Flugzeugen! Tiefflieger fürchtete ich besonders.

Karla Brockstedt, die Bekannte meiner Eltern, war nicht mehr in Schönberger Strand.

Das Kinderheim, in dem sie arbeitete, war aufgelöst worden.
Wir blieben trotzdem im Ort, denn meine Eltern hatten das so verabredet: „*Wenn der Krieg zu Ende ist, treffen wir uns bei Karla Brockstedt*“. Alle hatten solche Absprachen.

Das Ferienhaus von Käpt’n Jürgens war noch frei.

Da krochen wir unter.
Neben Schneidermeister Flick.
Der hieß wirklich so!
War aber noch irgendwo Soldat.

Käpt'n Jürgens habe ich leider niemals getroffen. Ich stellte ihn mir als gemütlichen alten Herrn vor, der gern lachte.

Wieder in der Schule.
Eines Morgens kam ein SS-Mann in die Klasse.
Die Mütze unterm Arm.
Das war neu!
Denn sonst trugen sie ihre Mützen auch im Hause auf dem Kopf.

Er verkündete seine Botschaft mit versagender Stimme:
>Der Führer sei in vorderster Linie, im Kampf um Berlin, gefallen.<

Unser Lehrer ließ uns aufstehen und die üblichen Lieder singen.
Anschließend gab er uns schulfrei.
>Bis auf Weiteres.<

„Nun dauert der Krieg nicht mehr lange und Vater wird

endlich heimkommen“, sagte Mutter, als ich die Neuigkeit berichtete.

Zwei Tage später standen britische Panzerspähwagen auf dem Deich.
Die Straße war menschenleer.
Erwachsene ließen sich nicht blicken.
Nur die Kinder des Dorfes hielten sich in den Vorgärten auf. Und lugten über Hecken und Zäune.

Von den Eltern geschickt, wagten sie sich schließlich hinaus, näherten sich vorsichtig den fremden Fahrzeugen; besichtigten alle Details, schauten den >*Feinden*< in die Augen.
Die sich Mühe gaben, streng auszusehen.

Hatten wohl Befehl …
Aber nach einer Weile grinsten sie zurück.

Der Krieg war zu Ende!

Tinteholen

Reminiszenzen 1945-1946

Die Straßen sind wieder frei.
Den Schutt haben sie auf die Grundstücke geschippt.
Hier hatten einmal Häuser gestanden.
Was ist aus den Menschen geworden?
Ich gehe zwischen Schuttbergen.

Ganz leicht schlägt die Hosentasche gegen den Oberschenkel.
Das Geld!
Vater hatte es vorsorglich in den Zettel mit der Adresse gewickelt, bevor er mich losschickte.

Irgendwo hinterm Alex soll es Tinte geben.

Bei uns in Lichterfelde kenne ich jeden Winkel.
Aber hier?
Hier gibt es nicht einmal mehr Straßenschilder.

Aus den Trümmern ragen Ofenrohre.
In die Ruinen führen Trampelpfade.

Etwas ist mit Bleistift auf die Mauer geschrieben.

Hier kann es noch nicht sein.
Ich gehe hinein und frage.

Linienstraße?
Noch 300 m und dann links.

Der Wind riecht nach Frost.
Ich habe Hunger.

Als ich um die Ecke komme, ist da eine Schlange.
Erst gehe ich mal nach vorn, um zu gucken, wonach sie anstehen, kann aber nichts entdecken.
Ich sehe nur, dass da ein Loch in der Mauer ist, in dem die Schlange verschwindet.

Das halbe Erdgeschoss eines Hauses.
Ich frage einen, was es hier gäbe.
„*Tinte!*“, sagt der.

„*Aha!*“, sage ich, „*dann werd' ich mich mal anstellen!*“ und gehe an all den Leuten vorbei, bis ans Ende der Schlange.

Wir warten.
Manchmal geht es einen Schritt voran.
„*Schneller als auf der Kartenstelle!*“, sagt einer.

Einige lachen.

Wie lange wird es dauern?
Um sechs geht die letzte Straßenbahn vom S-Bahnhof Lichterfelde-Ost.
Ich sehe mich schon die letzten Kilometer nach Hause laufen.
Jetzt stehen auch schon welche hinter mir.
Das macht mich froh, denn ich kann es nicht leiden, der Letzte in einer Schlange zu sein.
Außerdem halten sie den Wind ein bisschen ab.

Langsam geht es voran.

Das Schaufenster ist zugemauert.
In der Wand fehlt ein Stein.
Da ist ein Stück Glas mit Lehm eingepasst: Das Fenster!

Zweimal noch vorrücken, dann bin ich an der Tür.

Eine offene Luftschutztür.
Die Schlange windet sich in einen kleinen Vorraum.
Hält vor einer Brettertür.

Die Tür wird geöffnet und wieder geschlossen.
Einer kommt heraus, einer geht hinein.

Ein Schwall feuchtwarmer Luft hüllt uns ein.
Der Laden!

Drinnen ist es finster.
Einmal, als die Tür wieder aufgeht, kann ich dort Leute sehen. Nun ist mir nicht mehr kalt.

Endlich stehe ich hinter der Tür.
Es riecht nach Keller und es ist warm.
Nur noch ein paar Gestalten vor mir.
Die Flamme des Hindenburglichtes flackert.
Der Ladentisch ist hier ein Brett.
Ein alter Mann mit langsamen Bewegungen.
Die Leute reichen ihm Fläschchen hinüber und kaufen Tinte.
Aus einem großen Milchtopf gießt ihnen der Alte ein: Tinte.
Sie zahlen 50 Pfennig oder 1 Mark.
Je nach Größe der Gefäße.
Ist der Topf leer, schlurft der Mann nach hinten und holt Nachschub.

Wir warten.
Ich schaue auf die hellen Türritzen des Kanonenofens.
Ruckweise komme ich voran.
Wenn einer hinausgeht, kommt einer herein.

Dann wird es kühl an den Beinen.

An zwei Wänden fehlt der Putz.
Über mir, zwischen den Eisenträgern, sind verbeulte Bleche eingeschoben.
Manchmal fallen Wassertropfen herunter.
Endlich bin ich an der Reihe.

Ich reiche ihm die Mark.
„Und die Flasche?“, fragt er.
Erst jetzt wird mir klar, dass ich keine mithabe.

Der lange Weg, der scharfe Wind, das langsame Vorwärtswandern während des Wartens.
Alles schlägt über mir zusammen und treibt mir Tränen in die Augen.
Er schaut mich lange an.
Hat er meine Bestürzung bemerkt?

„Augenblick!, mein Junge“, sagt er und schlurft nach hinten.
Ich warte gespannt.

Dann kommt er zurück und hält die geschlossene Faust vor sich her.
Er greift nach seiner Zeitung, reißt einen Fetzen ab

und kippt etwas auf das Papier.
Eine Handvoll grüner Tabletten.
Er lächelt, als er sie in das Papier wickelt.
„*Einen Liter Wasser pro Tablette und gut schütteln!*“, sagt er und reicht mir das Päckchen.

Alle Bedrückung ist von mir gefallen.
Ich stammele meinen Dank, den er brummelnd abwehrt.
„*Glückspilz!*“, ruft mir einer nach.

Die Dämmerung hat schon begonnen.
Nicht mehr lange, dann ist es draußen ebenso dunkel, wie drinnen im Laden.
Auf dem Wege zur S-Bahn fallen Kälte und Hunger wieder über mich her.
Ein Zug kommt von Jannowitzbrücke herangeschaukelt.
Ich renne die Treppen hinauf und erwische ihn noch.
Die Türen schlagen hinter mir zu.
Friedrichstraße umsteigen.
Lichterfelde ist gerade weg.
Bis ich da bin, ist die letzte Straßenbahn längst gefahren.
Ich warte und bilde mir ein, hier unten sei es wärmer als oben.

Zu Hause zählen wir gemeinsam.
126 grüne Tintentabletten.
Einen Liter Wasser pro Tablette und gut schütteln!

Viele meiner Bekannten schreiben noch immer mit grüner Tinte!

Als die alten Zeiten vorbei waren

Reminiszenzen Berlin 1946

Wenn Vater von den *„alten Zeiten"* sprach, erzählte er gern von den Kellern der Reichskanzlei.

Er hatte damals Bellermanns Auftrag für den Einbau der Luftschutztüren ausgeführt.
Bellermann hätte eine saftige Konventionalstrafe zahlen müssen, wäre Vater nicht eingesprungen.

Irgendein Oberbaurat hatte die pünktliche und saubere Arbeit gelobt, und Vater war so stolz darüber, als hätte ihm der Führer höchst selbst die Hand gegeben.

Von Vaters Baugeschäft war nichts mehr übriggeblieben, nachdem es im Krieg kurz und klein gebombt worden war.

Jetzt arbeitete Vater als Geschäftsführer der Berliner Ziegel- und Betonbau GmbH. Eigentümer Heinrich Bellermann.

Als die Kommandantur Berlin per Erlass die Entfernung aller ehemaligen Parteigenossen aus leitenden

Funktionen angeordnet hatte, schien Bellermann wie von einem Keulenschlag getroffen, und er fluchte über *„Adolf"*, dem er die Verantwortung für die Lage zusprach.

Nachdem die Siegermächte Bellermann „vor die Tür seines Ladens" gesetzt hatten, brauchte er sich nicht lange besinnen, bis er die richtige Eingebung hatte.

Vater war gerade aus der Kriegsgefangenschaft heimgekehrt und suchte Arbeit, als Bellermann sich seines Subunternehmers erinnerte, der ihm damals aus der Patsche geholfen hatte.

Jetzt sollte Vater ihm wieder aus der Patsche helfen.

Bellermann sei von *„Adolf"* zutiefst enttäuscht, sagte Vater.

Alle betonten ihre bereits selbstvollzogene Entnazifizierung und sprachen neuerdings von *„Adolf"*.

Auch Vater sagte immer nur *„Adolf"*, obwohl er kein Parteigenosse gewesen war.

Es waren schwierige Zeiten.

Vater war froh, dass er Arbeit gefunden hatte.
Eine sehr wichtige Arbeit sogar.
Vater sollte Deutschland wiederaufbauen.
Wir bekamen deshalb auch gleich Telefon.
Oder hatte Jerczinski nur seine Hand im Spiel gehabt?

Anfangs sprachen die Eltern nicht über Jerczinski, wennwir im Zimmer waren.

Trat ich überraschend zu ihnen, hörte ihr Gespräch auf.
So etwas hatten sie früher nie getan.
Bald hatte ich spitz, dass sie über Jerczinski sprachen.

Ich kannte keinen Jerczinski.
Das Verstummen der Eltern machte Jerczinski interessant.

Jerczinski hatte meine ganze Aufmerksamkeit.
Jerczinski beflügelte meine Phantasie.
Jerczinski drang durch alle Wände.

Als die Eltern sich endlich weniger Zwang auferlegten und im Flüsterton weitersprachen, wenn ich dazu kam, wusste ich schon das meiste über Jerczinski.

Bis 45 war Jerczinski Staatsanwalt gewesen.

Ein scharfer Hund, hatte Vater gesagt.

Bis zuletzt >*uk-gestellt*<: Mit seiner Arbeit als Staatsanwalt unabkömmlich und vom Wehrdienst freigestellt.

Der kann froh sein, dass ihn die Russen nicht erwischt haben, hatte Vater gesagt.

Den Bonbon hat er wohl rechtzeitig abgemacht und sich bei Gericht nicht mehr blicken lassen, hatte Vater gesagt.

Jerczinski sei jetzt Pole, sagte Vater.

Er habe sogar einen Repatriierungsantrag gestellt.

Aber er lache nur, wenn man ihn frage, wann er denn in die Heimat zöge, sagte Vater.

Jerczinski war Bellermanns Justitiar.

Was ein Justitiar zu tun hat, erfuhr ich nach und nach.

Jerczinski war Justitiar und hatte Beziehungen. Beziehungen waren lebenswichtig.

Vater hatte keine Beziehungen.
Darum hatten wir immer Hunger.
Jerczinski hatte Beziehungen und besorgte, was Bellermann brauchte.
Gebraucht wurde alles und Jerczinski besorgte es.

Ein Schieber war Jerczinski nicht.
Jerczinski war Justitiar.

Seine Geschäftsfreunde kamen zu ihm ins Büro und ein paar Tage später trafen die Lieferungen ein.

Lastwagen brachten Baumaterial oder Kohlen.

Fräulein Nöldner konnte sich über die Zuzugsgenehmigung für ihre Mutter freuen.

Mit ihrer Mutter unter einem Dach konnte nicht gut sein.

Fräulein Nöldner bezog eine Dreizimmerwohnung in der Xantener Straße.

Auch die Einrichtung besorgte Jerczinski. Fräulein Nöldner war jung.

Fräulein Nöldner war schön.

Mutter war nervös.

Als sie erfuhr, dass Fräulein Nöldner nicht nur Bellermanns Sekretärin, sondern auch seine Geliebte war, legte sich Mutters Nervosität.

Berliner Ziegel- und Betonbau GmbH.
Eigentümer Heinrich Bellermann.

Berliner Ziegel- und Betonbau GmbH.
Vater der Geschäftsführer.

Vater war Geschäftsführer, hatte aber nichts zu sagen.
Er stand stets unter Kontrolle.
Auch wenn Bellermann nicht da war.
Dann passte die Nöldner auf.
Vater sollte nicht zu viel mitbekommen.

Was er mitbekam, flüsterte er Mutter zu.
Und Mutter bewunderte Jerczinski.

Alles hatte man Bellermann jedoch nicht genommen. Er durfte weiterhin der Wohnhausbau GmbH vorstehen.
Wohnhausbau GmbH.

Inhaber Heinrich Bellermann.

Die Wohnhausbau GmbH besaß ja nur Trümmergrundstücke und ein paar Wohnhäuser.

Bellermann galt als Geizhals.
Und er hatte einen Blick für Menschen, die ihm nützlich sein konnten.

Stössel war ein nützlicher Mensch.
Stössel hatte das Deutsche Kreuz in Gold.
Stössel war in der CDU.
Stössel wollte Politiker werden.
Stössel hatte Parteifreunde.
Die Freunde arbeiteten in den Behörden.
Stössel studierte Politische Wissenschaften.
Stössel arbeitete auch bei der Berliner Ziegel- und Betonbau.
Wenn er nicht studierte, holte er Aufträge rein.
Lauter Scharrwerkereien, sagte Vater, immer nur Wanzenlöcher verschmieren.
Aber Kleinvieh macht ja auch Mist, sagte Vater.

Carbon hingegen war niemals in der Partei.
Er ist sogar niemals Nazi gewesen.

Er hatte sie nicht gemocht.
Sie hatten ihn auch nicht gemocht.

Vielleicht waren die Russen darum auf Carbon gekommen, als sie die Bauverwaltung wieder in Schwung bringen wollten.

Kaum war Carbon auf seinen Posten gehievt, als auch schon Bellermann bei ihm erschien, um die alte Bekanntschaft aufzufrischen und seine Dienste anzubieten.

Seitdem kam Carbon öfter bei Bellermann vorbei.
Er kam auch dann noch, als er sich längst mit den Russen überworfen hatte und aus Amt und Würden entlassen war.
Carbon war ein etwas skurriler Architekt.
Zigarrenraucher.
Und charmant.

Wenn er auftauchte, kam fröhliche Stimmung ins triste Büro.

Jedes Mal fingerte Carbon seinen Bleistiftstummel aus der Westentasche und malte witzige Figuren auf ernsthafte Briefe und Rechnungen.

Wenn er wieder weg war, strömte alles zusammen, um die Werke des verrückten Professors zu bewundern.

Carbon war immer klamm.
Jedes Mal rückte Bellermann einen 50-Mark-Schein raus, den Carbon mit Grandezza in der Westentasche verschwinden ließ.

Ich glaube nicht, dass er das Geld jemals zurückzahlt, sagte Vater.

Bei Jerczinski reinzuschauen, versäumte Carbon nie. Carbon rauchte Zigarre, wenn er aus Jerczinskis Zimmer kam.

Viel später, nach Bellermanns plötzlichem Tod, sollte es zu Komplikationen kommen.

Es stellte sich nämlich heraus, dass die Liebe mit Fräulein Nöldner in Bellermanns Testament Erwähnung gefunden hatte.

Zu ihrer großen Freude und gespielten Überraschung war sie von ihrem Heiner mit einem Viertel bedacht worden.

Diese letzte noble Geste Bellermanns führte dazu, dass

seine einzige Tochter, Rosemarie, die Nöldner niemals mehr mit Namen nannte, sondern „diese Person" sagte.

Dabei waren Rosemarie Gütig, geborene Bellermann, und Gabriele Nöldner vor Zeiten sogar eine Weile befreundet gewesen.

Eben eine Luftschutzkellerfreundschaft, erklärte Rosi ihren Irrtum.

Dann war Werner Gütig auf der Bildfläche erschienen und hatte, in Unkenntnis der innerbetrieblichen Verhältnisse, der Nöldner eine Weile den Hof gemacht.

Ob Gütig gewarnt wurde, oder ob er noch rechtzeitig der schönen Rosi begegnet war, ist Vater entgangen, weil er sich erst einarbeiten musste.

Jedenfalls war es plötzlich aus zwischen Rosi und der Nöldner.

Von Gütig hatte Bellermann überhaupt nichts gehalten. Immer nannte er ihn nur den Windhund, sagte Vater. Bellermann war gebeten worden, etwas für den Bankkaufmann Gütig zu tun.
Eine Hand wäscht die andere, sagte Vater.

Gütig wurde die Leitung der Finanzabteilung übertragen.

Gütig hatte eine schnelle Auffassung und gewann nicht nur Einblick in das Bellermannsche Portemonnaie.

Und als Rosi ihrem Vater ein Geheimnis anvertraute, stimmte der der notwendigen Verehelichung mit dem Windhund zu.

Die glückliche Braut sauste gleich hinüber zu Jerczinski, um das Hochzeitskleid zu bestellen, und mein Vater wurde zu Bellermann gerufen, damit er sich dessen Zähneknirschen anhöre.

Wie ich meinen Vater als Soldat erlebte

Mein Vater hat mich an seinem (zivilen) Leben immer teilhaben lassen. Ich durfte ihn stets begleiten, wenn er seine Baustellen besuchte. Darum war es für mich auch nichts Außergewöhnliches, als er mich nach einem Urlaub in seine Kaserne, nach Spandau, mitnahm. Das Kind, welches ich einmal war, erinnerte sich oft an den fernen Vater. Der Kasernenbesuch und zu erleben, dass Vaters Kameraden ein lustiges Völkchen waren, haben meine Vorstellungen später, als Vater im Felde war, positiv eingefärbt.

Ich kam 1943 zur Schule.
Es war eine kleine Dorfschule, mit zwei Klassen, es gab einmal den Begriff *„Zwergschule“* für solche Einrichtungen. Jeden Montagmorgen zog die gesamte Schule in den >*Ehrenhain*<, der unweit der Schule angelegt war. Er zeichnete sich durch junge Birken aus, welche einen Paradeplatz umstanden. Wenn die Fahne gehisst war und die damals üblichen Lieder abgesungen waren, rief Schulleiter Scharfe, der stets in SA-Uniform umherlief und darin auch unterrichtete, Mitschüler, die an diesem Morgen in feierliches Schwarz gekleidet waren, zu sich an den Fahnenmast, um sie *„vor*

versammelter Mannschaft“ zum >*Heldentode*< ihres Vaters zu beglückwünschen. Es folgte eine Rede über heldenhaftes Verhalten, darüber, dass man nicht früh genug damit anfangen könne, Schmerzen und Kummer tapfer auszuhalten, so wie es unsere Soldaten auch jeden Tag täten.

Der Mann war mir schon wegen eines anderen Ereignisses unsympathisch, jetzt hatte ich jeden Montag Gelegenheit, für mich im Stillen zu beschließen, dass ich dort niemals stehen wollte.
Mir kamen Scharfes Worte grausam vor.
Ich ging grübelnd nach Hause und weinte jede Nacht um meinen Vater, der jederzeit zu Tode kommen könnte. Ich stellte mir vor, wie er im schrecklich kalten Russland durch den Schnee robbte und niemals fror, wie Scharfe behauptete.

Als Vater auf Urlaub kam, war das große Loch, welches sein Fortsein gerissen hatte, wieder gefüllt. Meine (jüngeren) Geschwister und ich hingen die ganze kurze Urlaubszeit an ihm, wir kletterten auf ihm herum, schlangen die Ärmchen um seinen Hals und zogen ihn jeder zu sich heran. Dieses entsprach genau dem Bild, wie mir scheint, welches man damals von der >*deutschen Familie*< hatte: Der >*Held in Feldgrau*<, über den seine kleinen Kinder krabbeln.

Über seine Erlebnisse an der Front sprach Vater zu mir und den Geschwistern niemals. Ich fragte Vater einmal, ob es in Russland sehr kalt sei. *„Oh, ja“*, sagte er und erzählte davon, wie er und seine Kameraden eine Sauna gebaut hätten, in der sie sich immer aufwärmten. Und wenn sie dann heiß genug waren, seien sie immer in das Wasser der Lowat oder der Tigoda gesprungen, deren Eis sie aufgehackt hätten. Auf diese Weise sei die Kälte auszuhalten gewesen.

Wenn Vaters Urlaub zu Ende ging und die Zeit des Abschiednehmens herangekommen, waren alle sehr betrübt. Ich war schon alt genug, um zu wissen, dass es ein Abschied für immer sein könnte. Die ganze Familie zog mit Vater zum Bahnhof, um ihn zu seinem Fronturlauber-Zug zu bringen. Auf dem Bahnhof wimmelte es von Leuten, die ebenfalls einen lieben Menschen verabschiedeten. Ich war erstaunt, wie der ganze Vorgang ablief. Alle verhielten sich so, als beherzigten sie Scharfes Worte. Es wurden >*Helden*< verabschiedet, nicht aber Ehemänner, Väter und Brüder. Mir wurde klar, dass meine Tränen total *„unheldisch“* waren!

Aus Gesprächen, die ich mit meinem (inzwischen

verstorbenen) Vater vor vielen Jahren geführt habe, weiß ich, dass er an der Belagerung Leningrads beteiligt war. Wie er wohl damit umging, kann ich nur durch meine völlig subjektiven Eindrücke wiedergeben. Fragen und Überlegungen, die sich mir später stellten, konnte ich nicht mehr an ihn richten, ich will mich im Folgenden jedoch bemühen, den Tatsachen und meinem Vater, der mit seiner Person und seinem Handeln als Soldat ein Teil des Geschehens war, gerecht zu werden.

Nach Beendigung des Krieges kreisten meines Vaters Gedanken ständig um die Geschehnisse in Russland. Er machte sich Sorgen um den Verbleib seiner Kameraden, von denen er niemals später hörte.

Wenn ich heute über unsere Gespräche nachdenke, fällt mir auf, dass sich eine thematische Hierarchie eingestellt hatte, ganz adäquat meinem Fragen in dem jeweiligen Lebensalter. Zuerst interessierten mich die vordergründigen Fakten des Krieges. Wie lebt der Frontsoldat, wie geht er mit der Angst um, wie mit Regen, Kälte, Hitze, was fühlt man, wenn man getroffen wird.

Schon etwas älter, fragte ich nach den Einsatzbefehlen, wie es sei, wenn ein Angriff des Gegners erwartet würde, wenn man in diesem Augenblick vor die eigene Linie befohlen werde, um einem neu eingetroffenen Offizier die Lage des Minenfeldes zu erklären. Was geht in dem Manne vor, der zu nächtlicher Stunde und unter Beschuss eine Brücke erkundet und zur Sprengung vorbereitet und in dieser Situation Skizzen für das private Skizzenbuch fertigt, um sie später als Vorlage zum Malen zu benutzen?

Schon fast erwachsen, fragte ich, wie er mit der Tatsache umgegangen sei, dass hier

a) enormer Schaden angerichtet worden sei, eine Brücke koste schließlich Millionen!

b) Infolge der Brückensprengung seien abertausende Bürger Leningrads verhungert, weil keine Versorgungszüge in die Stadt geleitet werden konnten!

In Würdigung aller Äußerungen meines Vaters und seines nachmaligen Verhaltens will ich zusammenfassend seine Einstellung zu seinem Fronteinsatz in Russland zu schildern versuchen:

Mein Vater machte auf mich den Eindruck, als hätte er das Unausweichliche, das Tragische in der Existenz des Soldaten gesehen, die er als gegeben ansah.

Insofern ist zu verstehen, dass er den Krieg als einen Schrecken ansah, der tagtäglich zu überstehen sei. Die Überlebenshilfen waren für ihn: die emotionale Verbindung zur Familie, die mit zahlreichen Briefen, mit kleinen verabredeten Zeichen, etwa den beigelegten Blümchen nach jedem Einsatz, und mit aufwändig gemalten Bildern gehalten wurde. In der Gegenrichtung ging es ebenso. Wir, die Familie, schrieb, kritzelte und malte, was das Zeug hielt. Obst, Wurst, Kuchen wurden kleinen Päckchen anvertraut und an die Front geschickt.

Mich beeindruckte stark, dass Vater wiederholt schilderte, auf welch erniedrigende Weise den Rekruten der *>eigene Wille<* ausgetrieben wurde. Erst an der Front habe er verstanden, dass eine Unterordnung unter das Befehlssystem der Armee nur von Menschen geleistet werden könne, denen das eigene Denken und der eigene Wille genommen worden seien.

Über zwanzig Jahre nach Kriegsende kam ich darauf, Vater zu fragen, ob er sich am Hungertode der Leningrader mitschuldig fühle. Seine Antwort klang resignativ: *„Wenn du bei ‚Preußens' anfängst nachzudenken, ist es gleich vorbei mit dir, da musst du gehorchen!"* –

Wie ich zu meinem Beruf kam

Als mich neulich jemand fragte, wie ich zu meinem Beruf gekommen war, wusste ich die Einzelheiten nicht mehr zu sagen.
Um der Antwort willen wanderte ich den Weg meines Lebens zurück und suchte nach Marken, die mich dahin gewiesen hatten, heute mit entwicklungsbehinderten Kindern und deren Eltern zu arbeiten.

„*Da guckt man nicht hin!*“, hatte meine Mutter zu mir gesagt.
Und sie hatte an meinem Arm gerissen, damit ich mich ihr zuwendete.

Damals war ich ein Kleinkind und was meine Mutter sagte, war Gesetz in dieser Welt.
Nicht alle Verhaltensregeln, die meine Mutter mir gegeben hatte, waren so beständig wie diese.
Außenseiter der Gesellschaft hatte ich lange nicht wahrgenommen.

Als es an der Zeit war, mich für einen Beruf zu entscheiden, stand ich mir selbst im Wege.

Weil ich mit mir und der Welt wieder ins Reine kommen wollte, beschäftigte ich mich mit Psychologie.
Vielleicht hat sie mir sogar geholfen.
Immerhin spürte ich eine heimliche Liebe zu dieser Wissenschaft.

Aber damals wäre mir nicht in den Sinn gekommen, einen Beruf aus ihr zu machen.

Einen technischen Beruf wollte ich.
Man sollte sehen können, was ich mache.
So kam es, dass ich 13 Jahre lang als Architekt zur Verschandelung meiner Umwelt beitrug.
Alle jene, deren Psyche damals von mir verschont geblieben, mögen das als Glücksfall ansehen.
Menschen, die mir nahe sind, kennen meine Grabsteine.

Mich empörten die politischen Verhältnisse.
Als ich die Widersprüche nicht mehr zu ertragen meinte, begann ich mit dem Psychologiestudium.
Denn wie etliche meiner Zunft war ich dem Irrtum erlegen, man könne mit Psychologie die Welt verändern.

Aber ich wollte nicht nur studieren, ich musste auch essen.

Deshalb schuftete ich viele hundert Nächte als Krankenpflegehelfer im Klinikum.

Meine Dozenten meinten, mit einer Arbeit am Tage würde es mir besser gehen, und besorgten mir einen Job in unserer Institutsbibliothek.

Tagtäglich ging jetzt eine Flut psychologischer Literatur über meinen Schreibtisch, und meine Aufgabe war es, allen neuen Büchern ihren Platz in der Bibliothekssystematik zuzuweisen.

Mir machte die Arbeit Spaß.
Und ich war stets auf dem aktuellen Stand der fachlichen Auseinandersetzung.
Nur die eine Hoffnung, ich würde mich fortan wohler fühlen, erfüllte sich nicht.
Denn mehr und mehr zweifelte ich an meiner Fähigkeit, eines Tages die ganze Psychologie im Kopf zu haben.

Ich verzagte.
Und obgleich es längst an der Zeit gewesen wäre, drückte ich mich vor der Vordiplomprüfung.
Meine Freunde holten mich aus der Resignation.
Und als die Prüfung bestanden war, belohnte ich mich mit einem Urlaub in Schweden.

Urlaub.
Frei atmen können.
Niemanden sehen oder hören müssen.
Am Rande der Wildnis.
Die Holzhütte auf einer Lichtung.
Früher war hier eine Almwirtschaft.
Ein Bach.
Ein Fluss.
Selten kommt jemand an diese Stelle.
Elche holen sich hier ihr Frühstück.
In Augenhöhe brütet die Wacholderdrossel in einer Fichte.
Hinterm Fensterladen schläft tagsüber die Fledermaus.
Keine Ahnung von Psychologie.
Den eigenen Gedanken ihren Lauf.
Ruhe.

Eines Tages Lärmen im Wald.
Das kann doch nicht wahr sein!
Ist mein Urlaub schon zu Ende?

Weit wird hier der Schall getragen.
Sie könnten auch jenseits des Flusses sein.
Ich musste Gewissheit haben.

Gar nicht weit, da, wo der Fluss eine Schleife macht, standen Jugendliche am Ufer und angelten.

Weiter oberhalb ging es noch lebhafter zu.
Hier brieten sie ihre Fische über offenem Feuer.
Andere schleppten Reisig herbei.

Pfadfinder.
Ich gedachte, ihnen künftig aus dem Weg zu gehen.

Flüchtete ins Dorf.
Dort erst sah ich alles noch einmal an mir vorüberziehen.

Vorhin hatte mich ihr Geschrei geärgert und ihre Geschäftigkeit gestört.
Jetzt drängten sich mir ihre eigenartigen, disharmonischen Bewegungsabläufe auf, die ich vorher gar nicht wahrgenommen hatte.
Ich sah sie wie in einer Pantomime.

Nach einigen Tagen traf ich sie wieder.
Wir redeten miteinander.
Was man im Urlaub so sagt.

Jugendliche von der Ostküste, die in Dalfors Sommerlager hielten.
Einige erschienen ein wenig reduziert, wie übernächtigt. Auf meinen Streifzügen durch die Wildmark begegnete ich ihnen immer wieder.
Offensichtlich waren sie viel unterwegs.

Die Betreuer hatten eine andere Almhütte in der Gegend gemietet, um dort die dienstfreien Tage zu verbringen. Pädagogikstudenten aus Stockholm in ihrem Ferienjob.

„Macht Ihr ein Überlebenstraining?“, fragte ich einen von ihnen.
„Ach was, die Behinderten lernen, sich in der Natur zurechtzufinden. Aber Überlebenstraining ist auch kein schlechtes Wort. Es kommt aufs Gleiche raus!“.

Ich hatte die Jugendlichen gar nicht für behindert gehalten.
Warum das so war, begann ich jetzt zu begreifen.
Zwar hatte ich eine Vorstellung von Behinderten, aber ich musste mir eingestehen, niemals einen Behinderten erlebt zu haben. Ich hatte wohl niemals richtig hingeschaut.

Eine Sommernacht lang saßen wir bei Rotwein und Gegrilltem.
Sie erzählten von der schwedischen Sozialgesetzgebung und vom Normalitätsprinzip für das Leben der Behinderten.

„Man ist nicht behindert, behindert wird man gemacht."

Bei der nächsten Begegnung machten sie mich auf Liisa aufmerksam.

Liisa wäre mir nicht aufgefallen.
Jetzt aber gewahrte ich, dass sie meistens damit beschäftigt war, abwechselnd in einem Buch zu lesen oder in ein Heft zu schreiben.

Niemand habe ihr Fremdsprachkenntnisse zugetraut, denn sie pflege nur selten zu reden, und in den meisten Tätigkeiten des täglichen Lebens sei Liisa ungeschickt und hilflos.

Die Sprachbegabung sei ihren Eltern ganz zufällig aufgefallen, dann allerdings habe man sie systematisch unterrichtet.

Wo immer sich Liisa aufhielte, übersetze sie

fremdsprachige Literatur.

Damals wusste ich noch nichts von Asperger oder Kanner, kannte noch nicht den Begriff des Stereotypen Verhaltens.

Ich wurde neugierig und schaute hin!

Ich bewunderte Liisa.
Sie konnte mehr als ich.
Und ich war schockiert über ihre Hilflosigkeit in den einfachsten Dingen.

Sich nicht die Schuhe zubinden können, aber aus fünf Sprachen übersetzen!
Lebenspraktisch eingeschränkt, aber genial.
Die Insel.
Vielleicht gibt es in jedem Menschen eine Insel der Genialität.
Eine Insel, von der aus die Entwicklung ihren Gang nehmen könnte.
Wie kann man die Insel jedes Menschen erkennen und Zugang zu ihm gewinnen?
Es muss einen Weg geben, den wir nicht kennen.

Einen Weg ins eigenständige Leben.

Einen Weg auch für Menschen, denen wir alle Möglichkeiten absprechen.
Die wir geistig behindert nennen.

Einen Weg für Menschen, die behindert werden, weil durchschnittliche Realität ihnen die Stimuli nicht so anbietet, wie sie sie für ihre Entwicklung benötigen.
Die deshalb an den herrschenden Lebensbedingungen scheitern.

Müsste es für sie nicht eine andere Welt geben?

Dann meine Suche.
Meine Suche nach der anderen Welt.
Meine Reisen zu vielen westdeutschen Sonder-Einrichtungen für Geistig Behinderte.
Und mein Entsetzen über das Leben dort.
Meine Gespräche mit den Psychologen in den Institutionen.
Und meine Verwunderung über ihre Lebensferne.
So hatte ich mir die andere Welt nicht vorgestellt.
Sonder-Einrichtungen waren augenscheinlich nicht die andere Welt, die ich meinte!

Wo gab es die individuelle Anpassung des Milieus an die jeweilige Persönlichkeit der behinderten Menschen?

Ich wollte erleben, dass etwas getan wurde, den benachteiligten Menschen in die Gesellschaft zu ziehen, statt ihn hinauszudrängen.

Meine Enttäuschungen ließen den Entschluss wachsen, mich um Praktika in Schweden zu bemühen.

Dort fand ich dann ein Stück meines Utopia.
Und auch ein Stück zu mir.

Um meinen Aufenthalt zu finanzieren, arbeitete ich zeitweilig in einem Wohnheim für behinderte Jugendliche als Nachtwache.

Zur Einführung in meine Aufgabe stellte man mich den Bewohnern vor und erzählte mir alles Wichtige über die zwölf Jugendlichen.

Zwölf Jugendliche.
Jeder benötigte irgendeine Hilfe.
Zwölf Jugendliche, darunter Bertil, 16 Jahre alt.
Bertils Aussehen erschütterte mein Innerstes.

Was hatte ich nicht schon alles als Kind erlebt!
Bomben, die meine Welt ringsum zerstörten, während wir im Keller bangten.

Zerlumpte polnische Arbeiter, von denen gesagt wurde, es seien Untermenschen.
Frischverwaiste Schulkameraden, die beim Fahnenappell für den >*Heldentod*< des Vaters belobigt wurden.
Auf dem Schulweg von Tieffliegern gejagt.
Der stumme Zug geschundener Bernadotte-Juden durch Lübeck.
Trecks erschöpfter Flüchtlinge.
Erfrorene Säuglinge.
Kriegsversehrte.
Kriegsgefangene.

Bilder des Grauens.
Mit Distanz und Anteilnahme des beobachtenden Kindes aufgesogen.
Das Elend der Menschen in mir.

Bilder einer längst untergegangenen Welt.
Alles weit weg und gar nicht mehr wahr.
Ein Film von damals.

Bertil.
Heute sind uns aus dem Fernsehen Gestalten vertraut, die noch fürchterlicher aussehen, aber als ich Bertil traf, war ich auf einen solchen Anblick nicht vorbereitet.

Bertil.
Vielleicht ein Kretin.
Ich hatte nicht zu fragen gewagt und niemand hatte mir etwas gesagt.

Bertil.
Der riesige Kopf mit dem verknorpelten Greisengesicht.
Die dürren Spinnenbeine und die verbogenen Finger, das Missverhältnis zwischen allen Körperteilen.

Bertil konnte nicht sprechen, nur grunzen.
Seine verzerrte Mimik jagte mir Wellen des Schauderns über den Rücken.
Mich ergriff Panik, wenn er mühevoll gestikulierend von sich mitzuteilen suchte.

Die Alpträume meiner Kindheit, alle verschütteten Ängste des Krieges, längst verloren geglaubte Schrecken.
Bertil brachte sie mir alle zurück.

Oh, wie ich Bertil hasste!

War ich nicht etwas voreilig gewesen, als ich um diese Tätigkeit nachsuchte?
Aber warum sollte es gerade Bertil sein, um den ich mich kümmern müsste?

Bertil wird wie ein Mehlsack schlafen!
Als ich meinen Dienst antrat, versuchte ich, nicht an Bertil zu denken.

Da ich keine andere Aufgabe hatte, als anwesend zu sein und zu warten, bis mich einer brauchte, genoss ich die anheimelnde Atmosphäre des Dienstzimmers. Mit Gebäck, Kaffee, schöner Musik und interessanter Lektüre würden die Nachtstunden zu einer angenehmen Zeit werden.
Einmal mehr pries ich die schwedische Arbeitskultur.

Nur einmal klingelte es in der ersten Nacht.

Bertil!
Ich war versucht, Bertils Klingeln einfach zu überhören.
Es gab keine Zeugen.

Bertil!
Er musste auf die Toilette und brauchte Hilfe.
Ich hatte Nachtdienst und sollte ihm beistehen.

Fünfzehn Meter bis zu Bertils Zimmer.
Was hatte ich mir nur eingebrockt!
Niemand, der mir Bertil abnehmen könnte.

Ich war allein.
Ich hätte flüchten mögen,
weit hinweg und niemals wiederkehren!

Bertil wand sich in seinem Bett und grunzte.

Wie früher im Klinikum,
sprach ich jetzt ein paar beruhigende Worte,
ehe ich Bertil aufhalf.

Es war die Sekunde meines Lebens, als ich seinen Arm stützte und er sich an mich lehnte!

Bertil war ja warm und gar nicht aus kalter, glitschiger Seife!
Diese Erkenntnis haute mich um.

Tränen brachen aus mir hervor und ich weinte noch, als Bertil wieder in seinem Bett und längst eingeschlafen war.

In jener Nacht ist ein Panzer in mir zersprungen.

Noch heute, nach schier unendlich langer Zeit, kann ich ein Nachbeben meiner damaligen Erschütterung spüren.

Dann kommt es mir vor, als sei es gestern gewesen.

Ohne Zweifel war es Bertil, der mich in meinen Beruf gebracht hat.

Die Begegnung mit ihm hat mir gezeigt, wo die Reise zu den unbekannten Inseln ihren Anfang nehmen musste.

Schwäche

Damals hatten wir es ihnen versprochen.

Damals lebten sie beide noch.

Brigittes Mutter jetzt seit 30 Monaten tot.
Als wäre es gestern gewesen, als wäre es eine Ewigkeit!

Seitdem neigt sich der Vater dem Grabe zu.
Fast gar nicht bemerkbar zuerst, dann immer heftiger.

Jetzt lebt er schon viele Wochen bei uns,
weil er sich nicht mehr selbst versorgen kann.

Damals hatten wir es ihnen versprochen.

Jetzt ist es soweit.
Er kann sich selbst nicht mehr beschäftigen.
Früher unternahm er kleine Ausflüge,
machte Besorgungen, telefonierte mit Freunden.
Früher las er gern die Zeitung, verbrachte gern einen
Abend mit Fernsehen.
Wir sagen, er döse vor sich hin.
Was ihm wirklich im Kopfe umgeht, weiß niemand.

Gerade erwacht und aus dem Bette gestiegen, schläft er häufig im Sessel weiter.

Er isst nur noch wenig zum Frühstück.
Mittags nur noch dünnflüssige Suppen.
Abends geht mehr als die Hälfte dessen, was er sich bestellt hatte, zurück in die Küche.

In fünf Wochen hat er 20 kg an Gewicht verloren.
Aufstehen kann er nicht mehr allein.
Da muss ich ihm aufhelfen.
Das geht über meinen Rücken.

Er liegt meistens ganz steif in seinem Bett.
Die Beine sehen aus, als wären sie schon gestorben.
Steif und weiß.
Dürr, wie bei einem Sahel-Kind.
Wenn er ein Weilchen gesessen hat, sind sie aber auch oft dick aufgeschwollen.
Das Herz schafft es nicht mehr.
Wasser.

Er taumelt, wenn ich ihn zur Toilette bringe.
Der Gang zur Toilette seine einzige Abwechslung.
Und er braucht seine Abwechslung!
Wie lange werde ich die Geduld dafür aufbringen?

Im Becken ist meistens nichts.
Aber so viel hat er sich doch jedes Mal abgerungen, dass ich ihm langwierig den Hintern abputzen muss. Die faltigen Backen auseinanderdrücken, den Atem anhalten und in dem afterlichen Geklüft umherwischen.

Ich frage mich, wie wir Menschen in den letzten 2 Millionen Jahren mit unserer Notdurft umgegangen sind.
Es gab ja nicht immer Toilettenpapier!
Im Orient gebraucht man Wasser, mit der linken Hand über den Anus gespült.
In Skandinavien nahm man früher dünne Holzspatel.
Und in prähistorischer Zeit?
Haben sie damals besser abgekniffen?
Tiere benutzen auch kein Papier. –

Die welken Backen auseinanderhalten und putzen.
Ich muss dabei an Elefanten denken.

Seine Körperpflege ist spärlich geworden.
Meistens genügt es ihm,
wenn er sich die Hände wäscht.
Deshalb stellen wir ihn in die Wanne zum Duschen.
Wie unbequem deutsche Badezimmer sein können, wenn man einen Menschen pflegen muss!

Ein wenig durchgelegen hat er sich auch schon.
Dabei hatte ich mir vorgenommen,
dass das auf keinen Fall vorkommen dürfe.
Die Haut ist wie brüchiges Pergament.
Dekubitus.
Wir schmieren weiße Paste auf die Stelle und hoffen,
dass sie nicht größer werde.

Wir schleppen ihn zum Stuhl,
wir schleppen ihn zum Sessel.
Wir schleppen ihn zum Bett,
wir schleppen ihn zur Toilette.
Wir schleppen ihn zum Stuhl, zum Sessel,
zum Bett, zur Toilette,
zum Stuhl, zum Sessel,
zum Bett,
... ...

Ich spüre meinen Rücken, meine Schultern.
Aeneas wird sich ähnlich gefühlt haben. –

Sein Lebenskreis ist klein geworden, sein Horizont ist eng geworden, seine Aktivität ist eingeschlafen.

Immer fragt er, was er machen solle.
Beim Zähneputzen, beim Ankleiden, beim Auskleiden.

„Und was jetzt?“
Er braucht Hilfe,
denn Arme und Beine gehorchen nicht mehr.
Parkinson-Syndrom.

Parkinson-Syndrom.
Die menschliche Entwicklung in ihrer Umkehr.
Der Weg hin zum Säugling.

Jetzt den rechten Arm,
den linken,
vor, zurück, hoch, runter,
das rechte Bein vor,
zur Seite,
jetzt das linke;
wir müssen es ihm sagen, wenn er etwas tun soll.

Er hat zwei Uhren in Sichtweite,
dennoch fragt er uns ständig nach der Uhrzeit.

Oft ist er desorientiert.
Dann weiß er nicht, wo er sich befindet.
Oder er ist verwirrt.

So wie neulich, als Barbara, seine andere Tochter, aus Erlangen angereist war.

„Na, Ruth, steht denn das Stadttheater von Meißen noch?“, fragte er sie.

Am liebsten liegt er im Bett.
Aber auch dann fragt er, was er nun machen solle.
Er möchte, dass wir bei ihm sitzen, gewiss.
Er ist enttäuscht, wenn wir hinausgehen.
Gesagt hat er es nicht,
aber wir spüren es an seinen Reaktionen.

Wir müssen auch unser Leben weiterleben und organisieren. Ich fürchte, er versteht das nicht mehr.

Da ist Svante, der sicher mehr leidet, als er zu erkennen gibt. Mit seinen bald acht Jahren hilft er tüchtig mit.

*„Früher hat Opapa auf mich aufgepasst,
jetzt passe ich auf ihn auf!“*

Der Haushalt fordert seinen Tribut.
Früher haben wir es nie so genau genommen mit den Mahlzeiten, jetzt muss der Vater in jedem Fall sein Süppchen zur rechten Zeit haben.
Wo er schon so wenig isst!

Und unsere Berufsarbeit muss auch bewältigt werden. Es ist für ihn schwer, wenn wir im Hause sind, aber arbeiten müssen.

Es geht wohl auch um Macht.
Je ohnmächtiger er sich fühlt,
desto mehr scheint er zu versuchen, uns zu gängeln.
Und er nimmt einen herrischen Ton an, den ich von ihm vorher nie gehört habe, aber Brigitte meint, ihn in ihrer Kindheit nur allzu oft gehört zu haben.

Er hat eine Schelle,
um uns zu rufen, wenn er Hilfe braucht.

Ich höre diese Glocke bereits Tag und Nacht.
Auch wenn er sie nicht läutet.
Tinnitus.

Oder er weckt mich eine Stunde, nachdem ich zu Bett gegangen bin, nur um zu fragen, was er denn morgen machen solle. Oder er fragt nach der Uhrzeit.
Und zwei Stunden später läutet er wieder, um mir dann zu sagen, er habe eben gepupst.
Oder um zu fragen, wo er denn sei.

Wenn ich ihn zur Nacht fertiggemacht habe,

lässt er mich nicht los.
Aber er kann nicht sagen, was er will.
Er möchte wohl nur, dass ich noch bei ihm bin.

Das kann ich gut verstehen.
Auch wenn ich ihm jetzt sagte, dass ich schon über 18 Stunden auf den Beinen und dem Umfallen nahe bin, ließe er mich nicht los.

Er möchte nicht allein sein, das merke ich.
Häufig wird er von gedrückten Stimmungen bestimmt.
Er wird weinerlich und fühlt sich überflüssig.
Meint, er sei belastend.
Was ja stimmt, aber anders, als er meint.

Wünscht sich den Tod herbei.
Jammert, weil er meint, bald sterben zu müssen.

Unsere Freundin Margitta meint, man solle einen Menschen sterben lassen, wenn er es wolle.
Ich finde jedoch, Voraussetzung dafür sei stets ein schlüssiger Wunsch.
Ein feststehender Entschluss,
der durchdacht sein müsse.
Aber Vater ist
in seinen Gefühlen hin- und hergerissen.

Ich will ihn noch festhalten.

Wenn er nur besser hören könnte.
Ich habe mich zwar daran gewöhnt, dass er jedes Mal nachfragt, wenn ich etwas zu ihm sage, aber komplizierte Gespräche machen einfach keinen Spaß mehr mit ihm.

Und das hat seine Wirkung.

Er bekommt immer weniger Anregungen.
Gespräche, die wir in der Familie führen, bekommt er selten mit, die Isolation wird immer stärker.

Und seine Äußerungen
werden immer unartikulierter,
unverständlicher.
Mauern.

Erinnerungen werden wach, an meine Studienzeit, als ich im Klinikum Nachtwache machte. Diese Erfahrungen kommen mir heute zugute. Aber die Erinnerungen wecken auch Gefühle von damals, die mich noch immer belasten.

Wie anders alte Menschen mit der Zeit umgehen!

Ich weiß, was ich alles machen möchte.
Mein Tag hat 24 Stunden, zu wenig für das, was ich machen muss und schaffen möchte.
Ich habe nur ein Leben.
Jeden Tag ein Stück weniger.

Ich habe einen genauen Stunden- und Tagesplan.
Das Schlafen habe ich auf 4 bis 5 Stunden reduziert, damit ich auch Zeit für mich habe.

Er möchte etwas sagen.
Und dann dauert und dauert es, bis der Satz gesprochen ist, bis ein Wunsch geäußert ist. Ich werde ungeduldig, denke daran, was ich jetzt gern täte.
Wie werde ich mit meiner Ungeduld fertig?
Ich möchte nicht ungeduldig sein.
Ich möchte freundlich bleiben.
Er ist ein alter Mann und kann nicht für seinen Zustand.

Oft laufe ich aus dem Zimmer, wenn die aktuelle Arbeit getan ist, kann mich auf kein Gespräch mehr einlassen.
Es tut mir leid, aber ich kann dann nicht anders.
Seine Gespräche sind immer die gleichen.
Ich habe alles schon hundertmal gehört.
Und meine eigenen Gedanken?
Wann darf ich sie denken?

Jetzt soll ich mich mit seinen Gedanken beschäftigen.
Und nur dagegen wehre ich mich.

Er wird nicht mehr lange zu leben haben.
Das weiß ich.
Vielleicht werde ich später bereuen,
so wenig zuletzt noch mit ihm gesprochen zu haben.
Dennoch kann ich mich jetzt nicht anders verhalten.
Ich laufe aus dem Zimmer.

Um alles zu schaffen,
haben Brigitte und ich uns die Aufgaben geteilt.
Meine Gespräche mit ihr sind oft nur noch auf das organisatorisch Notwendigste beschränkt.
Ich fürchte, das wird sich bald rächen.

Mein Anspruch ist ein anderer.
Ich hadere mit mir.
Das kostet Kraft, und ich kann mich schließlich auch nicht mehr mit dem beschäftigen, was ich tun müsste oder wollte.

Als würden die Erinnyen mich jagen,
laufe ich unstet im Hause umher.

Meine Gedanken sind auf der Flucht:
Ich träume von Reisen.
Ich sehe mich an fernen Orten.
Ich spreche mit lieben Menschen.
Ich spreche mit wildfremden Menschen.
Ich spreche vor mich hin.

Wenn wir außer Haus sind, können wir nichts tun, ohne daran zu denken, was er jetzt wohl braucht.

Vernachlässigen wir ihn?
Unterlassene Hilfeleistung?
Wenn ich auf die Toilette gehe, wenn ich mich dusche, denke ich an ihn.
Er ist auf eine unangenehme Weise allgegenwärtig.
Ich möchte auch einmal
wieder an mich denken können!

Siegfried sprach von „*Mütterlichkeit*".
Mütterlichkeit erweist sich auch im Umgang mit alten Menschen. Mütterlichkeit aufzubringen ist leicht, wenn es sich um ein Neugeborenes handelt. Den Mangel in unserer Persönlichkeit erkennen wir, wenn uns ein alter Mensch braucht. –

Wir hatten es ihnen versprochen.

Jetzt ist es soweit.
Ich möchte nicht mit ihm tauschen,
wer wollte das schon!

Wir ahnten, was das Versprechen bedeuten würde, aber man kann eben die Realität nur sehr unscharf vorwegnehmen.

Wir fühlen uns enorm belastet.
Ich habe das Gefühl,
das alles nicht mehr lange aushalten zu können.

Wir haben es uns versprochen.

Ich denke, wenn es mir so ginge wie ihm,
wäre ich längst aus dem Fenster gesprungen.
Ich habe Goldregen im Garten und Tulpen, Fingerhut,
Lilien, Eisenhut, Maiglöckchen, ...

Ich möchte nicht mit ihm tauschen.
Ich möchte nicht meiner Obhut ausgeliefert sein.

Mai 1987 / Mai 1992

Zeit haben

Meine Zeit, das ist mein Leben.
Sich Zeit nehmen, für etwas.
Keine Zeit haben.

Wie verbringe ich meine Zeit?
Wie zufrieden bin ich mit meinem Leben?

Wie bewusst erlebe ich meine Tätigkeiten?
Wie wende ich Zeit für mich
oder im Austausch mit anderen an?

Wie gehe ich mit meiner Zeit um?
Ich bin verantwortlich dafür,
wie ich meine Zeit verbringe.

Zeit totschlagen.
Zeit verbringen.
Zeit einteilen.
Zeit vergeht.
Zeit ist da.
Zeit im Überfluss.

Hoffnung auf die Zukunft, dann wieder Zeit zu haben.

Schaffst du es noch in der Zeit, die dir bleibt?
Welche Zeit bleibt mir noch?

Zeit einteilen.

Geld ausgeben, um Zeit zu haben, Zeit zu sparen.

Zeit verkaufen, um Geld zu haben.

Niemand hat Zeit.
Warum?

Vergleiche: Heinrich Böll, Irisches Tagebuch,
„Als Gott die Zeit machte, machte er genug davon".

Zeit ist Geld.

Es kommt darauf an, wofür ich mir Zeit nehme,
wofür ich meine Zeit verwenden will.
Denn meine Zeit ist mein Leben.
Ich bin dafür verantwortlich,
wie ich mein Leben verbringe.
Über wen beklage ich mich,
wenn ich sage, ich hätte keine Zeit?

22.09.1989

Älterwerden

Diesen Text schrieb ich 1997. Jetzt, 2004, fiel er mir wieder in die Hände, da gab es einiges zurechtzurücken, wenn auch das Grundsätzliche noch gültig ist.

Ich bin in die Jahre gekommen.
Stolzer Besitzer eines Seniorenpasses, der genaue Name ist *Rentnerausweis.*
Der soll mir Vorteile bringen, wenn ich mit der Eisenbahn fahre oder beim Eintritt ins Museum.

Am Vorabend meines 60. Geburtstages fragt Volker, wie man sich denn so fühle.
Die Frage deckt schon auf, dass mit bestimmten Zahlen eine Vorstellung verbunden wird, und sie ist zu allgemein formuliert, als dass ich sie erschöpfend beantworten könnte. Ich könnte allenfalls sagen, wie ich mich fühle; doch entbehrte meine Aussage der Allgemeinverbindlichkeit!

Als ich 50 wurde, besuchte uns mein greiser Vater das letzte Mal.
Es hat ihm Mühe bereitet.
Bald danach wurde er zum *„Pflegefall"*.

Lange schon ist er tot.

Als Kind hatte ich hohen Respekt vor der Zahl 60.
Meine Großeltern waren in dem Alter, als ich sie kennen und lieben lernte. Sie sitzen neben mir, stille Begleiter meines unruhigen Lebens.
Ich spreche mit ihnen.
Auf ihre Antwort muss ich verzichten; dennoch weiß ich, sie würden die Art meiner Lebensführung billigen, obgleich sie für ihr eigenes Leben eine andere Wahl getroffen hatten und sich unter heutigen Bedingungen anders eingerichtet hätten.

Großvater zum Beispiel.
Niemand, der noch um Großvater trauert.

Das heimliche Einverständnis zwischen uns, wenn er mich einen Tropfen seines Aperitifs kosten ließ.
Großmutter sah das gar nicht gern.

Tokaier, Portwein, oder Sherry.
Wenn ich bei ihm war, ließ er mir immer eine Perle davon im Glas zurück.
Und ich war oft bei ihm.

Die Wärme, mit der er mich umschloss.

Unermüdlich spielten wir das Hundespiel.
Ich musste dazu an seinem Ohrläppchen zupfen.
Dann kam von ihm ein Knurren.
Das war jene Spanne Zeit, derentwegen ich das Spiel so sehr liebte.
Alles in mir kribbelte vor Aufregung.
Denn irgendwann schoss Großvaters Gesicht herum. Ein schrecklich bissiger Hund versuchte, meine Hand zu schnappen, und ich musste sie blitzschnell in Sicherheit bringen. Wenn ich entkommen konnte, bellte der Hund voller Wut, dagegen knurrte er und schmatzte zufrieden, wenn er meine Hand erwischt hatte. Es gehörte ebenso zu unserem Spiel, dass Großvater mich entkommen ließ, wie er ausreichend oft meine Hand schnappte, auf dass meine Spannung bewahrt bliebe.
Oder der Schrecken, den wir beide erlebten, als wir auf den blutüberströmten Mann stießen.
Es war spät geworden.
Großvater wollte mich heimbringen. Unten im Treppenaufgang lag ein Mensch.
Als wir hinunterstiegen, sprach Großvater ihn an. Er sei überfahren worden, wimmerte er leise. Großvater packte mich und eilte in die Wohnung zurück, um nach dem Rettungswagen zu telefonieren. Nachdem er auch meine Eltern verständigt hatte, lief er zurück und brachte dem Verletzten ein Glas Wasser.

Großvater war der einzige, dem es gestattet war, während eines Bombenalarms hinauszugehen, denn er war Luftschutzwart. Alle anderen Hausbewohner saßen zusammengekauert im Luftschutzkeller und hofften, dass wir verschont bleiben würden.
Einmal, als Großvater von seinen Kontrollgängen in den Keller zurückkehrte, hatte er einen Helm in der Hand, den er mir aufsetzte. Dann nahm er mich an die Hand und führte mich nach oben, auf den Hof.
Durch den Schacht, den die Häuser bildeten, schauten wir zum Himmel hinauf. Von dort kam ein drohendes Brummen.
Zwei Ketten aus Flugzeugen, eines hinter dem anderen, flogen im Mondenschein über uns hinweg.

„Nur eine Bombe!“, dachte ich. *„Wenn sie nur eine Bombe abwürfen, wären wir erledigt!“*
Aber sie sparten ihre Bomben für die Innenstadt.
„Du sollst das niemals vergessen!“, sagte Großvater.
Nun sah ich etwas, was ich niemals gesehen hatte: Großvater weinte.

Der Krieg sollte noch drei Monate dauern.
Großvater arbeitete bei der Reichsbahn und wusste um die Lage.
Er wollte uns aus der Stadt haben.

Aber schon lange fuhren die Züge nicht mehr nach Fahrplan.
Alles war ungewiss.
Niemand konnte sagen, wann ein Zug abfuhr und ob der Zug, der aus der Stadt herauskam, auch sein Ziel erreichen würde.
Wir besaßen nur noch wenig. Alles steckte in ein paar Koffern, die seit Tagen gepackt in der Diele standen. Deshalb ging es auch ganz schnell, als Großvater uns mitten am Tage aus dem Dienst anrief und uns zum Lehrter Bahnhof bestellte.

Er verstaute uns und unser Gepäck in einem Abteil.
Eine kurze Umarmung, dann sprang er hinaus.
Winken aus dem anfahrenden Zug.
Adieu, Großvater.
Noch wissen wir nicht, dass wir dich nicht wiedersehen werden.

Von Tieffliegern unbehelligt erreicht der Zug Lübeck, unser Ziel.
In Lübeck stehen Schulklassen mit ihren Lehrerinnen auf dem Bahnhof.
Zur Wohltätigkeit dorthin beordert.

Sie erwarten die Flüchtlinge aus dem Osten, um deren

Kindern ausgemustertes Spielzeug in die Hand zu drücken.
Spielzeug, das ihnen selbst zuwider war, denke ich.
Denn ein Altersgenosse hatte mir mit glücklichem Gesicht ein Einmaleins-Spiel überreicht.
Ich versuchte später mehrmals, es wegzuwerfen; doch meine pädagogische Mutter hinderte mich jedes Mal an diesem Akt der Befreiung.

Wenn ich auch niemals mit diesem Spiel gespielt habe, so zog ich dennoch Nutzen daraus. Es war die einzige Lektion in Wohltätigkeit, die ich benötigte. Rechnen lernte ich recht gut auch auf eine andere Weise.

Die Großeltern haben ihrer Reputation nachgelebt. Sie haben erfüllt, was man von ihnen erwartete.
Ein Sechzigjähriger gab mittels Körperhaltung seiner Umwelt zu verstehen, dass er um sein Alter wusste, auch zeigte er an, dass er sein Leben hinter sich hatte. Er zog die üblichen Register, die jeder verstand. Eine andere Attitüde hätte ihn der Lächerlichkeit preisgegeben. Er leistete Verzicht und konnte auf Ehrerbietung rechnen.
Er lebte die Konvention.

Über das Alter gibt es nur Vorurteile und Lügen, bestenfalls Unwissen!

Das wurde mir mit brennender Deutlichkeit bewusst, als mein Freund Hans mit seinen gut 85 Jahren mir eröffnete, er beabsichtige, eine 30 Jahre jüngere Frau zu heiraten. Er fügte hinzu, dass sich *„Alle Welt"* darüber das Maul zerreiße.

Der schlimmste Gemeinplatz:
„Man ist so jung, wie man sich fühlt!"
Diesem Irrtum ist so mancher erlegen!
Aber, was ist, wenn ich dieser Aussage glaube?
Ich fühle mich doch jung.
Jünger als mit 16.
Morgens, die Zeit nach dem Aufwachen einmal ausgenommen!
Wie mühselig ich da erst in Bewegung kommen muss!

Kinder und Jugendliche erleben ebenfalls Niederlagen, Rückschläge und Enttäuschungen.
Mich wundert nicht, wenn sie heftig reagieren.

Die Schmerzen vergehen, wenn der blaue Fleck auch bleibt, so wird er bald vergessen.

Der alte Mensch weiß um seine blauen Flecken, er hat eine Reihe von Hieben auf diese Stellen bekommen, dadurch brachten sie sich wiederholt in Erinnerung.

Weisheit und Abgeklärtheit werden teuer bezahlt. Die Einsicht, dass der Mensch von spröder Konsistenz, bildet sich unter bitteren Schmerzen in einem langen Leben. Er sieht sein Leben wie eine Reihe von Karteikarten, in denen er vor und zurück blättern kann.

Das Alter ist eine schmerzvolle Zeit.
Neben die seelischen Schmerzen treten mit den Jahren die körperlichen Schmerzen von Abnutzung und Erschöpfung.

Ich habe mich daran gewöhnt, dass es mehr werden, was nicht heißt, dass ich mich an sie gewöhnt hätte. Sie gehören recht eigentlich nicht zu mir. Von Anfang an hatte ich ein anderes Bild von mir.
Ich tue nichts gegen diese Schmerzen, das mag man mir vorwerfen.
Vielleicht bin ich zu bequem?
Ich hasse es, zum Arzt zu gehen.
Ich bezweifle, dass er mir helfen könne, und eine Schrottlaube wird kein Neuwagen, auch wenn man sie lackiert.

Meine Streicheleinheiten bekomme ich glücklicherweise woanders. Sie dürften zum behaglichen Gefühl beitragen, in welchem ich trotz meines Alters lebe.

Alles hat mit dem Tod zu tun.
Er ist uns gewiss.

Die Vorboten des Todes werden nicht als solche erkannt.

Das Ticken der Uhr.
Tag und Nacht.
Atemnot, wenn die Anstrengung den Berg hinauf zu groß geworden.
Schweiß, der in den Augen brennt.

Das Dunkel, wenn der Kopf gegen den Türholm geprallt war.

Zahnschmerzen bis zum Irrsinn.
Im Notdienst ein betrunkener Zahnarzt, der nichts vermochte, als den Zahn zu ziehen.
Und meine Hilflosigkeit.
Alle Energie gegen den Schmerz.
Nichts gegen den Räuber!
Was hätte ich denn tun sollen?
Jetzt liegt ein Stück von mir im Mülleimer.

Das Ziehen in den Armen.
Das Reißen in den Beinen.
Der Schmerz in meiner Brust.

Regen und Wind zerren an den Bäumen.
Wie immer.
Als wäre nichts gewesen.
Eben, das ist es ja!

Silvester.
Überschwänglich begrüßen wir das neue Jahr.
Voller Hoffnungen und Illusionen.
Die Realität fliehend.
Weil wir die Gegenwart nicht zu schätzen wissen.
Illusionen nachjagend, nicht erkennend, dass wir unserem Tod entgegeneilen.

Der Tod, das Los von jedermann, wird verdrängt.
Darüber spricht man nicht.
Obwohl uns der Tod angeboren ist.

Wären wir uns der eigenen Sterblichkeit bewusst, gäbe es nicht die übliche Form des Erschreckens.
Die Hormonausschüttung erfolgte dennoch, aber wir würden sie konstruktiv nutzen können.
Was wir daraus machen, gibt den Ausschlag und das gilt in jedem Fall.
Der *„große Imaginator“* heißt ZNS.

„Lehre uns bedenken, dass wir sterben müssen, auf dass wir klug werden“.
Psalm 90,12

Tod.
Dem ich nicht entrinne.
Es gilt, sich bereit zu machen.
Die Zeit ist kurz.
Ich möchte sie nutzen.

Mein Abschied vom Leben.
Mein Abschied von meinen nicht realisierten Ideen.
Mein Abschied von lieben Menschen.
Ein Abschied, der erarbeitet sein will.
Denn ich möchte niemanden ziehen lassen.
Auch für mich fände ich es noch zu früh.

Rückbesinnung auf die Gegenwart,
bedeutet keinen Verzicht auf Hoffnung.
Aber meine Bilanz.

Und meine Botschaft.
Ich möchte Mitteilungen hinterlassen.
Mein Wunsch, gehört zu werden. –
Wenigstens von einem Menschen.
Weil ich mir einbilde, Wichtiges sagen zu können. –

Denn wir lernen lebenslang, mühen uns ab.
Dann steigen wir ins Grab und alles ist vergebens gewesen.
So kann es nicht gemeint sein!

Alte Bekannte treffen einander auf Beerdigungen wieder.
Das Abenteuer, in einem alten Gesicht das von früher vertraute wieder zu finden.--

Gegen alle Vernunft und gegen jede Erfahrung bin ich Optimist.
Ich lache, wenn ich erwache.
Das habe ich schon als Baby gemacht.
Alles eine Frage der Endorphine.

Wann ist man wirklich alt?
Wenn man in den eigenen Träumen nicht mehr jung ist.
Ein Beispiel?
Neulich habe ich mit Kindern Ball gespielt.

Großmutter hatte Phantasie und reiste gern.
Nur wer Phantasie hat, sollte auf Reisen gehen.
Wir verbrachten viele Abende vor dem Atlas, auf dem wir die herrlichsten Reisen erträumten oder nachvollzogen.

Großmutter erzählte von ihren Reisen, die sie allein und auf sich gestellt unternommen hatte.
Es war die Zeit nach dem 1. Weltkrieg, als sie ihrem Mann, also Großvater, eröffnete, er sei lange genug allein „verreist“ gewesen, jetzt sei sie an der Reihe, sie habe die Absicht, ebenfalls nach Belgien und Frankreich zu fahren. Großvater war sprachlos, es blieb ihm nichts weiter übrig, als seine Gertrud ziehen zu lassen.
Gertrud packte einen Rucksack mit dem, was sie als nötig ansah und zog zum Bahnhof.

Zuerst nach Belgien! Am Schalter forderte sie ein Billett 2. Klasse nach Brüssel. Kurze Zeit später saß sie im Zug. Großmutters Lieblingslektüre war das Kursbuch der Reichsbahn; so konnte sie alles nach Wunsch einrichten! Zu Hause war ebenfalls für alles aufs Genaueste vorgesorgt. Großvater brauchte nicht im Lankwitzer Ratskeller zu essen!
Im gleichen Zugabteil wie meine Großmutter saß Frau Antoine aus der Mainauer Straße, die 25 Jahre später meiner Mutter half, die Strümpfe der großen Familie zu stopfen. Aber das wussten die beiden Damen damals noch nicht. Frau Antoine wollte in ihre Heimat, nach Eupen-Malmedy und fand, dass Lio, wie sie Großmutter nannte, und sie dann eine lange gemeinsame Strecke vor sich hätten. Lio nach einem Schild an dem

Stellwerkshäuschen am Bahnhof Berlin-Lichterfelde-Ost. Auch der Stadtteil, wo Großmutter wohnte. In Brüssel angekommen, suchte Großmutter sich ein billiges Quartier und zog morgens in die Stadt, um für das Frühstück einzukaufen. Niemals, wenn sie von Brüssel erzählte, vergaß sie, von ihrem ersten Einkauf zu berichten, als sie Butter kaufen wollte. Außer Paletot, Trottoir und Perron kannte Großmutter kaum Französisch!
„*Du beurre!*" sagte sie zum Verkäufer, der brachte ihr einen Klumpen auf einem Papier. Großmutter machte eine teilende Handbewegung und bekam die gewünschte Portion.

Paris war Großmutters Stadt.
Hier kannte sie sich aus, manchmal hatte ich die Vorstellung, sie wüsste das Aussehen jedes Hauses zu beschreiben. Dann verstand ich den Zusammenhang. Großmutter hatte einen Atlas von Paris, in welchem jedes Viertel erwähnt, fast jedes Haus abgebildet war. In diesem Atlas verschwand Großmutter, wenn man sie in Ruhe ließ.

Eltern und Großeltern lehren uns das Leben, sie lehren uns aber auch, mit dem Älterwerden und dem Sterben umzugehen.

Großmutter litt an Gelenkrheumatismus. Gegen ihn war anscheinend kein Kraut gewachsen. Da sie alle Heilpflanzen kannte, hätte sie schon die richtige für sich gefunden. Meine Geschwister und ich suchten und pflückten ganze Kopfkissenbezüge voll Heilkräuter von Arnika bis Zahnwurz, aus denen Großmutter Tees und Umschläge bereitete. Die wertvollsten Kräuter zog Großmutter im Garten, der ihr jede Apotheke ersetzte.
Ich weiß nicht, wie ich ohne Großmutters Hustentees und Zwiebel- und Kräuterbrustwickel die dürftigen Nachkriegsjahre überstanden hätte!

1997 / 2004

Rede des Vaters an den Sohn
Für Svante zum 14. Mai 1997

Wenn einer einem anderen etwas sagen möchte,
tut er gut daran,
sich zu fragen,
wie der die Rede auffassen wird.

Wie Du meine Rede auffassen wirst, weiß ich nicht.
Deshalb ist sie für mich ein Abenteuer.
Jedenfalls will ich Dich nicht entmutigen.
Im Gegenteil!

Alle haben wir während unseres ganzen Lebens Zeit gesammelt.
Die Zeit setzt sich in uns als Erinnerung,
als Erfahrung fest.
An einem Tag wie diesem möchten wir von unseren Erfahrungen abgeben.

Aber Erfahrungen lassen sich nicht weitergeben.
Sie sind ebenso wenig zu vermitteln,
wie ihr Resümee,
welches im besten Falle so etwas wie Altersweisheit sein kann.

Für diese muss ein jeder lebenslang selbst sorgen.

Wie oft muss ein Kind
sich den Kopf an der Tischkante stoßen,
oder die Finger in der Tür klemmen,
ehe es sich vorausschauend
auf die Hindernisse einstellt,
sich also zu schützen trachtet?

Womit die Gelegenheit gekommen ist,
daran zu erinnern,
dass das,
was die Weißhaarigen den Jungen voraushaben,
manchmal Erfahrungen,
und nur im besten aller denkbaren Fälle
so etwas wie Weisheit ist.

Ein besonderer Tag in Deinem Leben, Svante.

Als ich so alt war, wie Du heute,
gab es in mir die Sehnsucht nach dem Leben.

Ich wusste nicht,
was kommen würde,
aber ich sah die Zukunft als ein großes Abenteuer an.

Ich fürchtete das Ungewisse.

Und zugleich war da die große Hoffnung,
dass alles gut würde.
Es wurde alles gut,
obgleich selbstverständlich nicht alles gut ging.
Dass die Enttäuschungen und Pannen im Leben die besten Gelegenheiten sind, etwas zu lernen, habe ich erst allmählich begriffen.
Darauf lässt sich hier hinweisen.

Ich denke, dass Du die Sehnsucht kennst.
Und die Hoffnung.
Eines Tages wirst Du erkennen, dass sie uns im Leben *halten* und *im* Leben halten.

Heute ist ein besonderer Tag in Deinem Leben.
Vielleicht ein Anlass, über das Leben nachzudenken.
Denn das Leben ist wunderbar.
Und es ist viel zu kurz.

Es ist mir nicht klar, ob das ein alter Mann einem jungen Manne sagen darf.

Über das Leben nachzudenken,
ist uns allen aufgegeben.

Nicht nur an einem Tag wie dem heutigen.

Immer.

Und was wir heute herausfinden,
soll uns morgen helfen.

Denn was morgen ist, wissen wir nicht.
Das ist sehr weise eingerichtet.
Denn wir sollen nicht verzagen.
Für jeden von uns kann die Vergangenheit ein Kraftquell sein. Wir brauchen uns nur umzuschauen. Jedes überwundene Hindernis macht Mut für das nächste.

Heute ist ein besonderer Tag in Deinem Leben.

Juristisch gesehen, lebst Du von nun an das Leben eines Erwachsenen.
Mit dem heutigen Tage bist Du mündig geworden.
Du sollst mit dem eigenen Mund sprechen,
das eigene Wort führen,
Du sollst Dich von nun an selbst vertreten.
Wir haben heute den ersten Schritt dazu getan,
als wir zusammen auf der Bank waren.

Der Obhut der Eltern entwachsen, aber ihr noch nicht entronnen.

Im alten Rom legte der Hausvater, der *major domus*, dem Sohn die Toga viriles, das Gewand der erwachsenen Männer um, legte dem Sohn die Hand auf den Kopf und sprach ihn frei, entließ ihn also aus seiner Herrschaft.
Übrigens nicht als der Sohn 18 Jahre alt war, sondern schon im Alter von 17 Jahren.

In der Toga viriles ging man mit eingelegter rechter Hand, was ein gewisses würdiges Aussehen verlieh.
Und an diesem Tage, nur an diesem Tage, trug der junge Mann die purpurnen Zeichen der Senatoren an seiner Toga.

Im alten römischen Reich deutscher Nation wurde man irgendwann vogtbar.
Vogtbar.
Man wurde sein eigener Vogt, sein eigener Herr.
Und es wurde dem jungen Mann zugetraut,
dass er über andere,
Gesinde oder eigene Kinder etwa,
Herrschaft ausüben könne;
was, wir erinnern uns des mittelalterlichen Lehnsprinzips, nicht nur Rechte, sondern auch Pflichten einschloss.

Heute ist der Zeitpunkt, wann jemand volljährig, also voll geschäftsfähig wird, nicht dem Gutdünken des Hausvaters überantwortet, sondern gesetzlich geregelt.

Ein denkwürdiger Tag jedenfalls.

Für mich ein Anlass,
mit Dir über das Leben nachzudenken.
Denn wir leben nicht nur, wie wir leben wollen.
Wir leben auch, wie wir zu leben genötigt sind.
Diese widerstrebenden Kräfte müssen, wenn es nur geht, *„unter einen Hut“* gebracht werden.
Eine Arbeit, die niemand dem Erwachsenen abnimmt.

Wenn der alte Vater dem heranwachsenden Sohn etwas auf den weiteren Weg mitgeben möchte,
so vielleicht die Gewissheit,
dass Eltern in ihren Gedanken immer bei ihrem Kind,
bei ihren Kindern weilen,
sie leben in der Besorgnis und dem Wunsche,
es möge dem Nachwuchs wohlergehen.

Weder die Lösung irgendwelcher Welträtsel,
noch die Sesam-öffne-dich-Formel
kann der Vater geben, er verfügt selbst nicht über sie.

Das Weitestgehende wäre meine eigene Erkenntnis,
dass ich von anderen nicht erwarten könne,
sie würden,
wenn überhaupt,
stärker als ich selbst für meine Interessen kämpfen.
Es ist also wichtig, die eigene Sache nach Kräften zu vertreten.

Betrachten wir das Leben, wie es vor uns liegt, müssen wir einen Augenblick lang auch auf die heutigen Perversionen schauen:
Arbeitsfähige haben keine Arbeit.
Besitzende bilden sich etwas darauf ein, dass sie etwas haben.
Andere messen den Wert eines Menschen an dessen Einkommen.

Hüten wir uns vor falschen Maßstäben!

Ich habe gefunden, das wahre Gesicht eines Menschen zeige sich um so deutlicher, je mehr er hat.

Erinnern wir uns an diesem Tage auch an das Jesuswort, es gehe ein Kamel eher durch ein Nadelöhr, als dass ein Reicher in den Himmel kommt.
Womit nicht gegen das Haben, sondern das falsche

Sein gewettert worden ist.

Junge Menschen wünschen sich eine Berufstätigkeit, in der sie *„viel Kohle machen“* können.
Wenn es solche Tätigkeiten denn gäbe.
Du solltest immer fragen, welche Zugeständnisse zu machen sind.

Anders als Kompromisse bringen Zugeständnisse unweigerlich Unzufriedenheit mit sich.

Das tägliche Leben
verlangt dem Menschen dauernd Kompromisse ab.
Sie zu finden, ist eine Kunst.
Zugeständnisse macht man aus Bequemlichkeit, seltener aus psychischer Not.
Sie verursachen Gefühle der Missmut.
Innere Zerrissenheit und Aggressionen folgen.
Kein Zuwachs an Lebensqualität, sondern ein Verlust.

Mit 18 Jahren war ich sehr verliebt.
Es weitete sich die Welt.
Mit einem Male
sah ich eine Fülle von Lebensalternativen,
die meisten letztlich unerreichbar,
aber wie ein Kinofilm Illusionen nährend.

Und ich war öfter im Kino.
Nach dem Filmende reibt man sich die Augen und fragt sich, wo man sei.
Man tut recht daran zu fragen, wo man sei.

Was ist seit damals alles geschehen.
Rückblickend erscheint das Leben kurz.
Als sei es gestern gewesen.
Das Kind, das wir gewesen, lebt ja in uns fort.
Das Kind in seinen Hoffnungen.
Mit dem Erleben seiner Schwäche.
Und den Ängsten.
Und mit der Freude.

Freude über Freude.
Ich ertappe mich öfter, dass ich mich freue,
einfach so vor mich hin.

Gewiss hängt das mit Brigitte zusammen.
Es ist mir ein Bedürfnis, ihr zu danken.
Als wir uns trafen, wurde ich sehr glücklich.
Ich denke auch daran, dass sie „*ja*“ zu mir gesagt hat.
Das Gefühl hat gehalten,
über alle Wogen des Alltags hin.
So etwas erleben nicht viele.
Und wir haben uns ein Kind gewünscht: Dich.

Nun bist Du 18 Jahre alt.
Heute ist ein besonderer Tag in Deinem Leben.
Wenn wir an der Schwelle zu einem neuen Abschnitt unseres Lebens stehen,
tut es gut, Glückwünsche zu bekommen.

Mögest Du in Deinem Leben Glück haben.
Ist es für Deine Eltern da, reicht es auch für Dich.
Glück.
Das uns Selbstverständliche?

Das Dach überm Kopf.
Immer Wasser und Nahrung.
Ausreichend Wärme.
In jeder Erscheinungsform.
Elementare Werte,
sie sollte kein Mensch allzu lange entbehren müssen.

Ich möchte aber die anderen vitalen Bedürfnisse nicht vergessen,
nämlich
die eigenen Gedanken denken dürfen,
also innere Freiheit genießen,
und als Mitglied
einer toleranten Gesellschaft leben können,
also im sozialen Kontext frei sein.

Mögest Du in Deinem Leben genau das erfahren.

In diesem Sinne wünsche ich Dir Glück!

Ein Hausierer vor der Tür

Ich stelle mir vor, ich könnte mich verwandeln.
In den Habitus eines anderen schlüpfen.
Eines Menschen, den es nicht gibt.
Den ich erst gestalten müsste.

Er geht bei Euch vorbei.
Ihr schaut aus dem Fenster.
Und wundert Euch, warum der Kerl so guckt.
„Und wo Heinz nur wieder bleibt!“
Ich hätte es nicht tun sollen.
Aber einmal wollte ich es.
In anderer Gestalt
bei ihnen vorbeigehen und sie anschauen.

Vielleicht werde ich nachher klingeln und Schnürsenkel anbieten.
Wir haben immer Bedarf an Schnürsenkeln.

Oder nach dem Hausherrn fragen.
Ich habe Hemmungen, das Wort *„Hausherr“* zu gebrauchen.
Ich bin kein Hausherr.

Aber der Andere darf nach dem Hausherrn fragen, denn er kennt mich ja nicht.

„Er ist nicht zu Hause“, werden sie sagen.

Vielleicht mit einem Bedauern.

Ich will das Bedauern hören.

Ich will mit ihnen in Kontakt kommen.
In der Gestalt des Anderen.

Ich werde ihnen unbehaglich sein.

Sie werden mich nicht hineinbitten, auch wenn ich es darauf anlege.

Ein Stück Brot würden sie mir geben, wenn ich sie darum bitte.

Aber diese Ebene will ich nicht.

Am liebsten würde ich bei ihnen warten, bis ich zurückkomme.
Aber da kann ich lange warten, wenn man es genau nimmt!

In die Realität versetzen, was ich bereits jetzt häufig spüre.

Ein Bettler ohne sie.

Mensch – vier Fragmente

Mensch

Täglich Schuld auf sich laden.
Täglich Menschen verletzen.
Täglich rücksichtslos, gleichgültig, ohne Einfühlung.

Zerrissen und schwankend,
uneindeutig und widersprüchlich.
Sich selbst verleugnend, sich selbst vergessend.

Nicht autonom und frei,
sondern abhängig und gefangen.

Mensch, abhängig von der Liebe jener,
die du erniedrigst, ja, zerstörst.

Lieben sie dich denn?
Noch?

Gefangener!
Wie willst du leben,
wenn du dein verfluchtes Schicksal
nicht annehmen willst?

Der Mensch ist einsam

Alles, was wir tun, kann als das permanente Bemühen bezeichnet werden,
nicht erkennen zu müssen, dass wir einsam sind.

Denn wir machen uns etwas vor!

Wenn die Erkenntnis der Einsamkeit dennoch durchbricht, kann sie katastrophale Folgen für unsere Gesundheit haben.

Leben lernen heißt demnach für uns zunächst, akzeptieren zu lernen, dass wir einsam sind.
Dann erst werden wir Kontakte zu anderen Menschen aufnehmen, Beziehungen zu ihnen pflegen, Partnerschaften leben können,
ohne zuerst an uns selbst denken zu müssen.

Leben ist Kampf

Wir machen uns lebenslang Hoffnungen,
es würde einmal besser werden.

Wir leben in der Illusion, wir könnten Wesentliches für die Realisierung unserer Ideale bewirken.

Den Kampf unseres Lebens
führen wir in unserem Inneren:
Wir haben ständig den Widerspruch zu ertragen, dass wir die Realität niemals unseren Hoffnungen und Illusionen annähern können.
Wenn wir das nicht akzeptieren, werden wir niemals lernen, dass es nicht Unvermögen ist, wenn wir unsere Ideale nicht erreichen.

Trotzdem

Das Überlebensprinzip Hoffnung.
Allen Erfahrungen zuwider.

Meine Hoffnungen sind auf dich gerichtet.

Hohlspiegel meines Lebens.
Richten wir den Brennpunkt auf unsere Wünsche ein.

Einen Wunsch äußern dürfen

Habe ich einen Wunsch?

Gewiss würde ich viele Wünsche finden, wenn ich mich darauf einließe, ihnen nachzuspüren.
Aber das hätte doch Konsequenzen!
Mindestens Unzufriedenheit.

Und wie schwer ist es erst, einen Wunsch zu äußern!

Ich müsste sicher sein, dass er erfüllt werde, sollte ich an mein Wunschkästchen gehen.

Kann ich Enttäuschung so schlecht ertragen?

Ohne die Sicherheit würde ich lieber nicht wünschen.

Vielleicht möchte ich mehrere Wünsche frei haben, nicht nur einen?
So sicher bin ich nämlich nicht, dass mir nicht der Appetit beim Wünschen wächst.

Also lieber keinen Wunsch haben!

Einen Wunsch äußern dürfen II

Ich wünsche mir von Dir.
Du mögest mir zuhören.
Unzulänglichkeiten.
Erwartungen.
Mängel.
Ohne Beklommenheit.
Oder Schuldgefühl.

Offene Fragen.
Wünsche.
Hoffnungen.

Ich wünsche mir von Dir.

Tragen.
Ertragen.
Kompensationen.
Machen wir gemeinsame Sache daraus!

Liebe

Ich liebe Dich!

Wie soll ich das verstehen.
Was kann das für mich heißen?
Was heißt das für dich?

Lieben heißt zunächst,
dem anderen seine Freiheit lassen.
Die Mutter ihrem Kind.
Der Mann der Frau.

Lieben heißt, das Besitzen abschaffen.
Nicht beherrschen, belehren, benutzen.

Nicht etwa: *„Ich liebe Dich, aber nicht so, wie Du bist!“*
Denn das hieße: *„Ich liebe meine Phantasie von Dir!“*

Vielleicht heißt Lieben aber, nach dem anderen fragen:
„Du gibst mir Rätsel auf.“
„Ich wundere mich über dich.“
Wundern im Sinne von:
erstaunen, aufnehmen, wahrnehmen.
Die Sinne schärfen.

Ich beschäftige mich mit dir.

Also doch wieder Objekt?
Objekt meiner Beschäftigung.
Wenn ich aber nicht Objekt sein will?

„Ich liebe dich“, will das nicht auch sagen:
„Ich habe Wünsche an dich!“?

Warum sagt niemand:
„Ich will etwas von dir!“?

Wäre es nicht ehrlicher zu sagen: *„Du regst meine Phantasie an, du regst meine Sinne an, ich wünsche, dir nahe zu sein, ich möchte mich dir hingeben, ich möchte mit dir schlafen, ich möchte mit dir sein, ich möchte ...“*?

„Ich liebe dich“ steht demnach für etwas noch näher zu Definierendem bei dem, der es ausspricht.
Es wird zweifellos mitgeteilt, dass Erwartungen an den angesprochenen Menschen gerichtet werden.

So müsste ich demnach fragen:
„Was willst du von mir?“
„Was erwartest du von mir?“

„Dem anderen seine Freiheit lassen“,
müsste er jetzt antworten.
„Nichts!“ und hätte somit die Angelegenheit ad absurdum geführt. Wenn wir so weiter disputieren, kommen wir nicht weiter.

Menschen sind im sozialen Kontext immer Subjekt und Objekt zugleich.

„Ich liebe dich“, heißt demnach:
„Ich habe die Erwartung an dich, du mögest die gleichen Erwartungen an mich haben, die ich an dich habe“.

Das ist mir zu ungenau. Sollte ich dich dann nicht besser fragen, *„wollen wir beide ... ?“*

Ja! Ja? Ja!

Oder:

„Brigitte, Du machst mich hoffen!“

Glaube, Liebe, Hoffnung, diese drei ...

Soll man Worten glauben oder misstrauen?
Gibt es eine dritte Möglichkeit?
Gleichgültigkeit.

Egal, ob ja oder nein.

Gleichgültigkeit, die neue Basis für „*Partnerschaft*"?

Ist Hoffnung „*kindlich*"?
Sich Hoffnung machen, den Worten Glauben schenken, sie für vorweggenommene Gewissheit nehmen, keine Zweifel aufkommen lassen.

Vertrauen schenken.
Die naive Haltung eines Kindes, welches noch ohne Argwohn ist, weil seine Erfahrungen noch nicht so weit reichen.
Hoffnung, die optimistische Lebenskraft eines Kindes.

Tritt das Erhoffte nicht ein, muss die Enttäuschung „*kindlich*" genannt werden.

Nur ein Kind kann enttäuscht werden; der Erwachsene sollte den Zweifel in sein Denken und Fühlen immer einbeziehen. (Vergl. Max Frisch: Du sollst dir kein Bildnis machen)

Zweifel als Ausweis für Reife?

Die Lebenserfahrung lehrt, dass wir misstrauen sollten.
Eine pessimistische Konsequenz.
Misstrauen will uns vor Leiden schützen.
Misstrauen als Grundlage für ein Zusammenleben mit anderen?

Es ist die Liebe, die uns den Optimismus schenkt. Und einzig mit ihm ist das Leben auszuhalten und ein Zusammenleben mit anderen möglich.

Liebe gibt die Kraft, gegen alle vernunftgemäße Resignation anzuleben und die Widrigkeiten des Lebens auszuhalten.

Meine Liebeserklärung an Brigitte:
„Du machst mich hoffen!“

Hoffnung setzt Mangel voraus.
Wenn mir kein Mangel bewusst ist,
gibt es auch keinen Anlass für Hoffnung.

Vertrauen. Geborgenheit.
Sich ausliefern.
Gefühle äußern.

Bei Konflikten, die zu Machtkämpfen werden, wenn keine Liebe (mehr) wirkt, liefert Gefühl den Menschen für Niederlage und Zerstörung aus. Deshalb Gefühlskontrolle, um nicht „verloren zu gehen". Ein Akt der Selbsterhaltung. Furcht und Verweigern von Gefühlsäußerung sind vergesellschaftet. Vertrauen hebt Furcht auf und macht Gefühlsäußerung möglich. Gefühlsäußerung ihrerseits schafft Vertrauen.

Anekdote

Zuerst sah er sie durch die Glasscheiben einer Vitrine.
Ein interessanter Kopf.
Später dachte er immer an ihre Löwenmähne.
Er konnte sie lange betrachten,
ohne dass sie ihn bemerkte.
Ihr Gesicht war ihm sympathisch.
War es ihm nicht irgendwie vertraut?
Eine kecke Stupsnase, der sinnliche Mund.
Oder fand er es angenehm,
dass sie nicht geschminkt war?
Er hasste Makeup. Es schmeckte so moderig.
Vielleicht lächelte sie ihm einen Augenblick lang zu.
Freundliche Augen, dachte er.
Lächelte er zurück, oder schaute er weg?
Herzklopfen.
Wie er sich jetzt mit ihr beschäftigt hatte,
hielt er später für aufdringlich.
Vielleicht fühlte er sich von ihr ertappt?
Er wandte sich wieder den Ausstellungsstücken zu.
Später wusste er nicht zu sagen,
was er gesehen hatte.
Von Bild zu Bild.
Im nächsten Raum trafen sie einander wieder.

Nebeneinander vor einer Portraitserie.
Nickten einander zu.
Lächeln.
Ein drittes Mal sahen sie einander.
Er wies auf ein Bild.
Sagte irgendetwas über den Bildaufbau.
Oder das Motiv.
Sie bleiben neben einander stehen,
lesen die Erläuterungen auf der Tafel.
Noch auf einen Kaffee
in die Konditorei nach nebenan?
„Ja, gern! Wenn wir uns sputen, ich bin in Eile.“

Er merkt zu spät, dass er sie nicht nach Namen und Telefonnummer gefragt hatte.

Gedichte

Parfum

Den Verdurstenden erquicken silberne Wasserstrahlen
aus blumenüberwucherten Brunnen –

– den Verliebten entzückt ein
Wölkchen Parfum.

Erfahrungen

Erfahrungen.
Wie Granitblöcke schwer.
Ich spüre sie in meinem Bauch.
Rotkäppchens Wolf.

Wenns mich dürstet,
Gehe ich nicht zum Brunnen.
Ich weine Kieselsteine.
Um mich zu erleichtern.

Kummer

Sehnsucht jagt Erinnerung,
Feuer meines Herzens.

Umwölkt ist jeder Berg,
Auf den die Hoffnung blickt.

Versäumtes schreit nach innen,
Zweifel frißt in meiner Brust.

Schon Eis die Tränen, die ich weine.
Zu zäh die Luft zum Atmen.

Vergeudet alle Worte.
Rose in verdorrter Hand.

Der Quell, aus dem die Liebe schöpft,
Wartet auf den Regen.

Homunculus

Homunculus,
Dem Bilde der Eltern nachgeformt,
Zum Pinocchio oder Parzifal erzogen.

Was bleibt,
Wenn ich im Scherbenhaufen wühle?
Zerrissene Gefühle,
Getretenes Gemüt.

Verzweifeltes Schweigen
drängt ungestüm hinaus,
Zu Ohren,
die längst abgewendet sind.
Versäumt, verspielt, vertan,
ist jener Augenblick,
Da wir noch Brücken hatten.

Bewahren?
Vielleicht Erinnerung.
Die Sekunde des Glücks.

Ungenutzt die Chance,
Den Code vertauscht:
Gier,
        was sie Liebe nennen.
Liebe,
        wo ich schweige.

Wie viel Sekunden hat ein Leben?

Anrufung

Sieben Blumen unterm Kissen, aber
Mein Gesicht ist niemandes Traum.
Wolken über der Mondsichel.

Wie hab‘ ich Omphalen umworben, doch
will sie meine Dienste nicht.
Hörst du Gerions Wagen?

Warum, oh Daidalos, bin ich nicht dein Sohn?
Bevor ich ins Verderben stürzte,
Würden wir aus diesen Mauern uns erheben!

Des Glücks genossen haben andere nur.
Schau! Cynthera liegt im ersten Morgenlicht.
Sein Gestade wird bald meine Heimstatt sein.

Prometheus

Meine Sehnsucht ist wie
der Adler des Prometheus.
Täglich sucht er mich heim.

Aber anders als Prometheus,
bin ich nicht an den Kaukasus,
sondern an den Adler geschmiedet.

Sehnsucht nach dir:
Wärme, Verstehen, Geborgenheit.
Einmal Sperling in deiner Hand sein dürfen!

Machos Lied von der Lustlosigkeit
oder: Erste Annäherung an Kurt Tucholsky

Du hast so schönes Haar,
Wie es bei keiner war,
Noch hab ich nicht gewußt:
Du hast ja keine Lust!

Entzücken gibt mir dein Gesicht,
Gibt alles, nur das eine nicht,
Ich hab es nicht gewußt:
Du hast ja keine Lust!

Ich kann es gar nicht glauben:
Du sitzt nicht gern in Lauben.
Und habe nicht gewußt:
Du hast ja keine Lust!

Was liegt dir schon am Manne,
Was ist schon an ihm dranne?
Du hast es nie gewußt:
Drum hast du keine Lust!

Du kriegst schon graue Haare,
Kommst bald schon in die Jahre,
Wen hast du je gekusst?
Du hast ja keine Lust!

Wie ist das Leben kurz,
Nicht länger als ein Furz –
Wann wird es dir bewußt?
Du hast ja keine Lust!

Was übrig bleibt,
Eh man entleibt?
Du hast es nie gewußt:
Du hast ja keine Lust!

Warum nur bist du nicht verliebt
In den, der dir dies Liedchen gibt?
Hast du denn nie gewußt,
Wie wunderschön die Lust?

Du gehst, bevor der Abend endet,
Noch niemals deine Zeit verschwendet.
Du hättest sonst gewußt,
Was andern eine Lust!

Der Schlaf ist allen heilig,
Drum bist du immer eilig.
Noch war es mir bewußt:
Du hast ja keine Lust!

Nur Schnarchen tönt aus deinem Bette,
Kein Wispern und kein Stöhnen ...
Wie lange hab ich das gewußt:
Du hast ja keine Lust!

Lieg gern an deinem Busen
Zum Streicheln und zum Schmusen.
Mehr hab ich nicht genußt,
Du wolltest keine Lust!

Erst Pfingsten lässt du dich verwöhnen.
Ich find das gar nicht nette.
Du hattest nicht gemußt:
War da schon etwas Lust?

Ein weicher Bauch und auch die Beine,
So schöne hast nur du, - sonst keine.
Du wagtest, was du nicht gewußt,
Und spürtest plötzlich eine Lust!

Unten, oben und dazwischen
Sollst du mich nun oft erwischen.
Vorher hast du nicht gewußt:
Lustig lebt sich's mit der Lust!

Rendezvous

„Morgen Abend werden wir viel Zeit für einander haben“,
sagte der Haß zur Liebe.

Und die Liebe freute sich sehr,
Hatte sie doch viele Wochen schon sehnsüchtig

Auf ein Zusammentreffen gewartet.

Als der Abend endlich gekommen war,
Und die Liebe voller Hoffnung,
Da schlug der Hass mit der Weinflasche
So lange auf die Liebe ein,
Bis sie in tausend Stücke zersprungen war.

Als der Haß nun die Liebe
Zerborsten daliegen sah,
Wurde er wütend und schrie:

„Warum bist du nur immer so empfindlich?
Wehr dich doch!“

Ich schenke dir meine Tränen

In deinen Armen.
Der Schlag deines Herzens.
Vergänglichkeit.
Unaufhaltsam dem Ende zu.
Einmal wird es der letzte Schlag
Und alles zu spät sein.

Tränen der Verzweiflung:
Was hätten wir noch alles miteinander tun wollen!

Ich schenke dir meine Tränen!

Hymnus

Deutschland, Deutschland über alles.

Bald werdet ihr es nicht mehr wiedererkennen.
Verhieß uns einer.
Und brauchte nur zwölf Jahre.

Von der Gnade der späten Geburt.
Sprach einer.
Und vom Ansehen der Deutschen in der Welt.
Die Gewinne schmelzen dahin.

Sagten Sie Würde?
Sagten Sie Humanität?
Von Auschwitz nach Mölln.
War nur ein kurzer Weg.
Deutschland, Deutschland über alles.
Verflucht!

Du hast dich nicht verändert!

Einem Kind ins Poesiealbum geschrieben

Kein schöner Land in dieser Zeit,
wo das Haben mehr gilt als das Sein.
Rosen, Tulpen, Nelken,
Und unsere Wälder auch.
Wirf die Semmel in die Tonne,
Denn der Sahel ist noch weit.

Nicht jedem ist es gegeben,
Eichmann oder Mengele zu sein.
Ein Moritz Schreber steckt in jedem,
Und wir finden das noch fein.

Cruse Missles und Wackersdorf,
Zwei Millionen Arbeitslose,
Gorleben und TNT,
Eltern schlagen Kinder tot,
Hunde leiden keine Not.
Was fällt da in die Hose?

Marx und Heine ausgerottet,
Jeder seines Glückes Schmied.
Wo man singt, da laß dich ruhiger nieder,
Lukas 18, Verslein 11.
Spyri, Bonsels und Konsorten,
Vergiften dich mit ihren Worten.

So etwas kannst du einem Kind doch nicht sagen!

Wem, wenn nicht einem Kind?

Juni 1985

Auf der Suche nach der sozialistischen Persönlichkeit

Ich habe sie gesucht.
Die sozialistische Persönlichkeit.

Ich habe sie gesucht.
Als die Mauer noch stand.

Ich habe sie gesucht.
Als sie mein Gepäck durchwühlte.

Ich habe sie gesucht.
Als sie andere Sozialisten ausspähte.

Ich habe sie gesucht.
Als sie Internationalismus rief.

Ich habe sie gesucht.
Als die Widersprüche noch erklärbar waren.

Die sozialistische Persönlichkeit.
Wählt konservativ.
Fällt blühende Obstbäume in Werder.
Kauft Opel und Suzuki.
Malt Hakenkreuze.
Wirft den Trabi in den Wald.
Geht mit Vollgas in die Kurve.
Ein schwarzes Kreuz am Straßenbaum.

Nun ist sie dahin.
Die sozialistische Persönlichkeit.
Ich suche sie noch immer.

Abschied von den vier Mächten
(1945 - 1990)

Wir Deutschen haben es geschafft.
Wir Deutschen, wir sind wieder wer.
Wir wohnten in Ruinen und krochen Euch irgendwohin.

Wir Deutschen haben es geschafft.
Wir Deutschen, wir sind wieder wer.
Wir sangen Eure Lieder und heuchelten Demokratie.

Wir Deutschen haben es geschafft.
Wir Deutschen, wir sind wieder wer.
Wir griffen nach den Kippen, wir beugten brav den Rücken.

Wir Deutschen haben es geschafft.
Wir Deutschen, wir sind wieder wer.
Wir winken Euch zum Abschied,
wenn‘s sein muß, mit dem Scheckbuch.

Wir Deutschen haben es geschafft.
Wir Deutschen, wir sind wieder wer.
Wir haben Euch nur reingelegt und leben wie vorher.

Wir Deutschen haben es geschafft.
Wir Deutschen, wir sind wieder wer.

> Heute
> gehört uns Deutschland
> und morgen gewiss noch mehr.
> Die Reihen fest geschlossen.
> Europa schon im Griff.
> Ihr sollt an unserm Wesen.
> So arisch rein, so blond, so hold.
> Und morgen die ganze Welt.
> Sieg heil!

Eure Hoffnung?
Aus.
Vorbei.
Gewesen.
Wir Deutschen, wir sind wieder wer.
Wir haben es bald geschafft!

Archäologie

In den Irrtum hineingeboren,
Wir würden erwachsen,
Verleugneten wir nur das Kind in uns,
Werfen wir den Schutt
Unseres Lebens darauf,
Wenn es sich rührt.

Tot zu Lebzeiten schon,
Liegen wir unter den Schichten
Vergangener Tage.

Schürfen.
Das Kind in uns entfesseln.
Es an die Hand nehmen
Und zu ihm sagen:
Du gehörst zu mir.
Ich bin Dein!

Hindsholm I

17.06.1989

Meer von drei Seiten und ein Bodden obendrein.
Moränen.
Dünen.
Wikingergräber.
Baumumkränzte Gehöfte.
Vogelsang füllt die Stille.
Niedere Häuschen ducken sich.
In Kiefernknicks und Rosenhecken.
Wind treibt Wogen über Meer, Land und Himmel.
Grün noch das Korn, der Raps schon gelb.
Durch mannshohes Gras.
Dessen zärtliche Wärme an früher denken lässt.
Über Blumen hinweg.
Die sonst nur in Asiens Steppen leben.
Kiebitze fürchten um ihre Gelege.
Butterstullenwerfen.
Wie in der Kindheit schon.
Ein lockender Horizont.
Schmerzliche Sehnsucht.
Vorbote des Alters.
Ich bleibe.
Noch.

Näset – Skattungen – Abend

Näset

Die Sicht auf Berge und See.
Sonne und Wind spielen uns auf.
Kein Augenblick dem anderen gleich.
Die Natur ist still, nur die Menschen lärmen.
Der Sommer lastet schwer auf unserer Welt.
Wir haben ein Kanu gemietet.
Nur ein Boot ist dem Ort angemessen.

Skattungen

Himmel und See im Nebel vergangen.
Milchrot mein Universum.
Reglos im Irgendwo
Lauschen wir der Stille.
Aufkreischend fliegen Möwen davon,
Gleitet unser Boot in ihre Nähe.

Abend

So gewiss die Abschiedsstunde naht,
So unglaublich ist,
Daß wir diese Welt verlassen müssen.

Reisebilder

Traum im Stress

Abhauen!
Einfach weggehen.
Mal für eine Zeit nichts sehen und hören müssen von dem, was du täglich um dich hast.
Aussteiger auf Zeit.
Zurückkehren wollen, wann du willst.
Zurückkehren dürfen, wenn es an der Zeit ist.

Die Umkehrung erleben: Sich körperlich abstrampeln müssen, auf dem Fahrrad oder zu Fuß, einen Rucksack schleppend, während der Kopf frei wird für neue Gedanken.
Anhalten, wenn es Spaß macht.
Schauen.
Malen.
Singen.

Nicht danach fragen,
wo du heute Nacht schlafen wirst.
Nicht danach fragen,
was du heute essen wirst.
Nicht danach fragen,
ob alles erledigt ist.

Das Telefon mag bedienen, wer will.

Ich bin nicht zu sprechen.

Ich stelle mir vor,
Du würdest mich begleiten,
Ich stelle mir vor,
wir sähen uns nicht gezwungen,
für einander Verantwortung zu übernehmen.
Wir wären so frei.
Aus freien Stücken bei einander.

Ich stelle mir vor,
wir kämen durch tiefen Buchenwald.
Ein grünes Gewölbe über uns, ohne Ende.

Ich stelle mir vor,
wir hätten den höchsten Gipfel ringsum erklommen.
Berge bis ans Ende der Welt.
Wolken ziehen über uns hin.

Ich stelle mir vor,
die Wellen der Meeresbrandung
schlügen an unsere Füße.
Ich kralle mit den Zehen in den nassen Sand.
Kleine Lachen, wo wir eben noch standen.

Ich stelle mir vor,
wir gingen auf glattem Granit.
Ich stelle mir vor,
wir lägen in frischem Heu.
Ich stelle mir vor,
wir ruderten in einem alten Kahn.

Geruch von Teer und Tang.
Möwen fischen, kopfüber sich ins Wasser stürzend.
Ihr Kreischen und das Blubbern eines Bootsmotors.

Ich stelle mir vor,
wir wohnten in einem strohgedeckten Fischerhaus.
Eine Kate am Deich.

Deine nackten Füße
gehen über die gescheuerten Dielen.
Du schaust aus dem Fenster.
Eine große Herde schwarzweißer Kühe auf der Weide.

Ich trete zu Dir
und lege meinen Arm um Deine Schulter.

Ich stelle mir vor,
heute hätte ich weniger Hemmungen als sonst; ich würde Dir ins Ohr flüstern, was ich Dir täglich sagen wollte.

Hunderttausendfach.

Ich stelle mir vor,
es regnete.
Drei Tage lang schon dieser Regen.
Die Landschaft verschwunden.
Als stünde die See senkrecht.

Ich stelle mir vor,
wir lägen im Bett.
Drei Tage, drei Nächte.
Schlafen und zärtlich sein.
Liebkosungen unsere Speise.

Am Abend des dritten Tages dann:
Wir springen aus dem Bett,
selten sind wir so schnell gelaufen.
Ein gediegenes Nachtmahl,
fünf Gänge für Gaumen und Magen.
Niemals war das Leben so schön!

Wir haben noch Zeit.
Niemand zwingt uns zur Abreise.

Wir gehen auf den Deich,
den Sonnenuntergang anschauen.

Und wir erzählen einander
von früheren Sonnenuntergängen.

Schwalben fangen Insekten für ihre Jungen.
Und wir erzählen einander von den Schwalben,
die früher hier Insekten fingen.

Bei einer Buhne setzen wir uns in den warmen Sand.
Ich stelle mir vor, wie wir einander streicheln.

Es ist Nacht geworden und wir haben es nicht bemerkt.

Wollen wir noch bleiben,
oder gehen wir zu unseren Fischerleuten?
Lass uns warten, bis sie zu Bett gegangen sind!
Ich möchte heute niemanden mehr erleben.
Dich ausgenommen.

26.5.1997

Fjällwanderung

Stell dir vor …
Von Mora 200 km mit dem Bus.
Dazwischen nur drei Ortschaften,
die diesen Namen verdienen.
Über vier Stunden dauert die Fahrt.
Weil der Bus
für die Gegend auch den Akutservice darstellt.
Botschaften und Waren in die Einsamkeit.
Alles wird irgendwo ausgeladen.
Fleisch und Wurstwaren aus Stockholm.
Grüne Apothekencontainer für Idre.
Abendzeitungen und Blumensträuße.
Kisten, Säcke, Kartons.
Die Geschäftsleute warten schon.
Manche haben Karren mit.
In Grövelsjön,
an der Touristenstation, endet die Straße.
Von hier gehen Fußwege in alle Richtungen.
Endstation.

Der Anfang.
Eine große Tafel bittet um Rücksicht.
Långfjällets Naturreservat.

Wir brauchen noch Wasser.

Die Rucksäcke auf.
Svante, du musst mir helfen.

Hinauf nach Jacobshöjden.
Den Weg sind wir früher schon zweimal gegangen.
Er ist schwierig, und wir fürchten ihn.
Ob wir Moschusochsen sehen werden?
Morgen werden wir am Hävlingen sein.
An dem See,
der sich erst zeigt, wenn man an seinem Ufer steht.
Wir wollen heute noch ein gutes Stück vorankommen.

Übers Fjäll.
Geologie konkret.
Vom Eis rund geschliffene Berge.
Gigantische Hänge in sanften Wellenlinien modelliert.
Erinnerungen an Dünen.
Geröll.
Felsen.
Sumpf.
Flechten und Moose.
Karseen.
Rinnsale und Bäche.
Erosionsrinnen.

Vom Schmelzwasser aus dem Fels gefräst.
Seit Jahrtausenden.
Vor wenigen Wochen zuletzt.
Wie in jedem Frühjahr.
Unvorstellbar.
Jedes Mal die gleiche Frage.
Kommen wir hinüber, oder müssen wir ausweichen?
Im Geröll einen Halt für den Fuß finden.

Sumpf.
Über Särbäcken gibt es einen Steg.

Schritt für Schritt auf schwankendem Boden.
Manchmal sinken wir bis zum Knie ein.
Wasser in den Gummistiefeln.
Wir müssen erst lernen, die Beine so zu heben,
dass der Stiefel nicht steckenbleibt.
Oft gehen wir den Weg zurück,
weil wir nicht weiterkommen.

Über den Bergkamm im Westen weht ein eisiger Wind.
Wie ein Tier springt er uns an.
Mindestens Stärke 8 schätzt Svante.
Er ist Segler und kennt sich aus.
Gegenhalten.
Stundenlang geht das so.

An alles haben wir gedacht, nur nicht an Handschuhe.
Immer nimmt man das Falsche mit.
Nicht einmal im Winter trage ich Handschuhe.

Eine Mulde im Hang wird unser Nachtquartier.
Man darf im Naturreservat nicht zelten.
Wir tun es dennoch.
Mit schlechtem Gewissen.
Ich würde die schwedischen Gesetze gern respektieren.
Aber wir können nicht mehr weiter.

Hier gibt es einen Bach.
Die Mindesthygiene ist gesichert.
Ich liebe das Wasser, auch wenn es nur ein Rinnsal ist.

Viele Male reißt uns der Wind das Zelt aus den Händen, ehe wir es endlich am Boden befestigt haben.
Die Rucksäcke hinein,
dann fliegt es hoffentlich nicht mehr weg.
Mit Steinen die Heringe sichern.
Sturmleinen sind nötig, um das Zelt zu halten.
Der Wind drückt es fortwährend nieder.
Die ganze Nacht wird er auf das Zelt einprügeln.
Viele hundert Mal
wird es sich ducken und über mein Gesicht fegen.
Ich werde von dir träumen

und viele hundert Küsse empfangen.
Immer wieder richtet sich das Zelt auf und steht am Morgen, als wärs im Kaufhaus aufgebaut.

In eisiger Kälte richten wir das Frühstück.
Müsli und einen Trunk aus dem Bach.
Einpacken und weiter.
Als wir uns zu dieser Reise entschlossen,
müssen wir irrsinnig gewesen sein.

Mühsam. Schritt für Schritt kommen wir voran.
Steine sind uns in den Weg gelegt.
Es ist eine Lust, wandern und schauen zu können.
Hier müssen wir schauen, wohin wir den Fuß setzen.
Ein ständiger Balancegang.
Ich zittere
Vor Kälte und Anstrengung.
Fotografieren fordert Ruhe.
Und die lässt sich nicht finden.

Ich habe den Rucksack fester geschnallt.
Langsam gewöhne ich mich an ihn.
Er wird jetzt ein Stück von mir.
Setze ich ihn ab, fehlt er mir als Gegengewicht.
Das Gehen gerät zum Torkeln.
Schwer drückt die Last in meine Knie.

Wenn der Wind nur nachließe!
Wie die Sonne, wird er in 24 Stunden einmal den Horizont entlang gegangen sein.
Nur wenn es nötig ist, sagen wir etwas.

Was ich mir wünsche?
Frei sein von der Last.
Gehen können wie ich mag.
Wasser trinken, wenn ich durstig bin.
Den Schmerz im Knie los sein.

Die Landschaft ist überwältigend.
Sie hat uns den gewohnten Maßstab genommen.
Zuerst merke ich es daran,
dass ich das Teleobjektiv wegstecke.

Alles ist ins Gigantische vergrößert.
Es gibt keinen Augenblick mehr.
Nur wenn die Augen die Wellen der Berge abfahren,
kann ich einen Eindruck von meiner Welt gewinnen.
Das Ferne erscheint nah.
Mir ist das Geheimnis
der scharfen Indianeraugen keines mehr.
Wir laufen einen halben Tag zu Bäumen und Steinen vor uns, von denen wir jedes Detail zu erkennen meinen.

Ein Ziel.
Auch wenn es uns
nicht immer so deutlich war wie heute,
immer hatten wir ein Ziel vor Augen.
Jetzt erleben wir, dass wir unserem Ziel nicht näherkommen, obgleich wir schon stundenlang laufen.
Das kann mutlos machen,
denn mit einem Ziel verbindet sich Hoffnung.

Verwirrung.
Wenn die Bezugsgröße eine Unbekannte geworden ist.
Zurückgeworfen auf dich selbst.
Sich jetzt nur noch um den eigenen Körper sorgen.
Existenzsicherung.
Nicht zusammenbrechen.
Pulsschlag.
Wasseraufnahme und Schwitzen.
Wärmeregulation.
Ausruhen.

Sich von den Vorgaben
unseres zivilen Lebens verabschieden.

Eine andere Selbstwahrnehmung beginnt.
Eine neue Zuversicht finden.
Wir entdecken Fähigkeiten, die wir an uns nicht kannten.

Wohl wissen wir auch ohne Uhr die präzise Tageszeit,
verlieren aber den Wochentag aus unserer Vorstellung.

Manchmal gehen wir durch Ahnungen
von Fisch, von Harz, von Heu.

Duftwolken liegen über dem Fjäll.
Sie müssen her geweht worden sein.

Oder eine Sinnestäuschung?
Denn hier gibt es weder Fisch, noch Harz, noch Heu.

Unter dem Rucksack ist es heiß.
Wasser läuft mir den Rücken hinab.
Taub vor Kälte meine Hände in den Tragegurten.

Ich denke an den Mann mit der ledernen Hand.
Sie hatten ihm den Arm abgeschossen.
Ein Granatsplitter vielleicht.

Oder er war im Begriff,
selbst eine Handgranate zu werfen.
Wie du mir, so ich dir.
Der leere Ärmel
war mit einer Sicherheitsnadel am Jackett befestigt.
Scheußlich, wie der Wind den Ärmel beutelte.

Später hatte er eine Prothese im Ärmel stecken.
Da flatterte der Ärmel nicht mehr.
Aber unten hing die schwarze, lederne Hand heraus.
Sie bewegte sich nie.
Eine tote Hand.
Und ihm fehlte ein Auge.
Das rechte Auge.
Auch sein linkes Auge habe ich nie gesehen.
Denn wenn ich ihn anschaute,
sah ich immer nur in das dunkle Loch.
Aber eines Tages war da ein Glasauge.
Kalt sieht es in die Welt.
Ich erstarre vor Schreck.
„Wer fürchtet sich vorm Ersatzteilmann?“
Er lacht und zwinkert mir zu.
Er kneift das linke Auge zu.
Aus alter Gewohnheit.
Ich sehe in sein Glasauge.
Es schaut mich an wie mein Teddybär.

Aus dem Alltag ausgestiegen.
Unvorstellbar der Gedanke, ich würde dorthin zurückkehren. Wenn ich es tue, werde ich ein anderer sein.
Niemand wird mich erkennen.
Unmöglich, dass ich mir das antun werde.
Als wäre nichts geschehen, werde ich trotzdem bald

wieder im alten Trott weitermachen.

Urlaub, der Traum vom Leben.
Die Fragen, die mich sonst bewegen, sind verblasst.
Mühsam müsste ich sie mir zurückholen.

Allmählich gewöhnen wir uns an das Wandern.
Andere Strapazen meines Lebens ziehen an mir vorüber.
Ich habe sie überstanden.

Die Sommerhitze ließ die Pflaumen reifen.
Zuerst musste ich
auf alle Bäume klettern und schütteln.
Dann wurde eingesammelt.
„Pflaumen raapen“, sagte Großmutter dazu.
Auf dem Rasen lagen sie und sollten in die Kiepen.
Jeden Tag ging das so.
Fang hier an
und denk nicht an das Ende, wies sie mich an.
Wir sammelten sie alle ein.

Erinnerungen.
Sie ermutigen mich jetzt.

Großmutter trank immer aus der angestoßenen Tasse.
Zwei Sprünge liefen aufeinander zu.

Es trennte sie nur ein kleines Stück.
„*Warum*“, fragte ich, „*ausgerechnet diese Tasse?*“
„*Eines Tages wirst du verstehen!*“, meinte sie.
Irgendwann hatte ich es begriffen.

Rentiere, viele hundert,
vielleicht tausend, kreuzen unsern Weg.
Die Kälber immer brav auf der uns abgekehrten Seite ihrer Mutter. Neugierig bleiben sie immer wieder stehen, lugen zu uns herüber. Dann werden sie von den Muttertieren angestoßen, wie zum Weitergehen ermahnt. Man hatte uns gesagt, die Mütter seien besonders empfindsam, die junge Beziehung spröde, wir sollten sie nicht stören.

Das *Arr Arr* der Raben erinnert mich an den alten asthmatischen Metzenthin, der das Rauchen nicht sein lassen konnte und der jeden Morgen den Nachtschleim abhusten musste, ehe der Tag beginnen konnte. Oder an Ebba, kurz bevor sie den Gipfel erklommen hatte und in einen ihrer entzückenden Jubel ausbrach.
Ebba, die plötzlich auf und davon war.
Ein Brief, der mir alles erklären sollte.
Aber es blieb alles unerklärlich.
Auch ihre Bitte,
nicht nach ihr zu suchen, liebte ich sie wirklich.

Glück sei so zerbrechlich.

Das Bild der Landschaft in den Farben der Pflanzen.
Vorfrühling hier, obgleich Midsommar schon vorbei ist.
Das Heidekraut noch leblos braun.
Flaschengrüne Flecken von der Lapplandbirke.
Grünsilber,
wo die Lapplandweide sich festkrallen konnte,
Moose und Flechten in leuchtenden Farbtönen zwischen
Silbergrau und Dunkelgrün.
Rosenroter Steinbrech.
Die Berge in der Ferne violett und blau.
Ich muss das alles malen.

Farbtöne?

Frequenzen.
Töne in der Musik.
Obertöne
bestimmen den Klangcharakter der Instrumente.
Kennt man Vergleichbares für Farben,
gibt es *„Instrumente“*, die Farbtöne hervorbringen?
Vielleicht Materialstruktur und Form der Gegenstände.
Jedenfalls keine Farbe für sich allein.
Unsere Wahrnehmung unter Monochromie:
Das Auge sucht sich die Nuancen.

Wahrnehmung hat mit Gewohnheit zu tun.
Und mit dem, was wir erwarten.
Wir gehen in unsere Phantasien.
Wir leben in unseren Phantasien.
Vorstellung ist unsere Welt.
Die Welt in mir.
Mein Bild von der Welt.
Und deines?
Da prallen Welten auf einander.
Kann es ein Verstehen geben?

Verständigen.
Erfordert Energie.
Und setzt den Willen zum Verständigen voraus.
Worte allein richten nichts aus.
„Zu Wechselgesprächen kommt es,
weil keiner zu schwätzen aufhört",
hatte ich damals im Spaß gesagt.

Wir zelten am Hävlingen.
Bis zum See noch ein Fußbreit Land.
Der Schlag der Wellen gegen das Ufer.
Duft und Geräusch von Wasser
begleiten mich in den Schlaf.
Auch jetzt spüre ich den Rucksack noch.
Liege ich deshalb immer auf der Seite?

Einst wäre ich in der Meeresbrandung fast versunken.
Seither begleitet mich ihr Lied durchs Leben.
Die Furcht des Kindes wich einer halben Liebe.
Wasser sehen, Wasser hören.
Auf dem Wasser fahren.
Widerwillen nur gegen das Schwimmen.
Ich möchte den Rest meines Lebens am Wasser wohnen.
Segelboote mit meinen Träumen beladen.
Erschöpft schlafen wir ein.
Nachts regnet es uns ins Gesicht, weil wir vergessen hatten, die Zeltbahn über das Mückennetz am Eingang zu ziehen.
Die Pfützen wische ich mit meinem Hemd auf.
Wohin werde ich es stecken, wenn es nicht trocknet?
Solche Fragen beschäftigen uns.

Der Goldregenpfeifer flötet unablässig.
Naturreservat.
Noch vom Lärm unserer Zeit verschont.
Immer hatte ich mir vorzustellen versucht,
wie es damals gewesen ist,
als es noch keine Maschinen gegeben hat.
Von welchen Geräuschen
waren Tag und Nacht begleitet?
Unser Leben von Dauerlärm geprägt.
Als er mir aus den Ohren fährt, knacken sie schmerzhaft.

Und mit einer nie erlebten Sensibilität höre ich Geräusche, die es vorher nicht gegeben hat.

Wir hören den Wind in der Ferne
als einen feinen Geigenstrich,
und das Wispern, das entsteht,
wenn zwei Grashalme einander berühren.

Einmal sind in der Nacht
Rentiere an unserm Zelt vorübergezogen.
Sie sprachen mit einander
mit seltsamen Kehllauten in einer fremden Sprache.

Morgens Nebel und Nieselregen.
Wir werden nass einpacken müssen.

Nebel den ganzen Tag.
Svante geht mit dem Kompass voraus,
die nächste Wegmarkierung suchen.
Ich bleibe bei der letzten und behalte ihn im Auge,
bis er mir winkt.
So kommen wir voran.
Schlimmstenfalls müssen wir hierbleiben
und besseres Wetter abwarten.
Zu essen haben wir mehr als genug.
Müsli und Wasser. Knäckebrot und Käse.

Noch sehnen wir uns nicht
nach einer warmen Mahlzeit.

Was ist das, das Leben fristen?
Nicht verhungern oder verdursten müssen.
Über diesem Minimum
ist alles eine Frage des Anspruchs.

Alles nur eine Frage des Anspruchs.
Kluge Wanderer achten auf das Gewicht ihres Gepäcks.
Wir wussten das
und hatten uns dennoch zu viel aufgeladen.
Proviant und *„Dinge für alle Fälle“*.
Deshalb trat ein,
womit wir am wenigsten gerechnet hätten.
Wir kommen langsamer voran, als geplant.

Wäre unser Weg
doch immer so bequem wie bei Jakobshöjden!
Steinige Wegstrecken und Moor. Auf und ab.
Kletterpartien über haushohe Felsen.
Wir wechseln mehrmals das Schuhwerk.
Statt des Sommerweges
sind wir die Loipenstrecke gegangen.
Ein Spaßvogel hatte den Wegweiser verdreht.
Wir hätten es leichter haben können.

Aber das haben wir erst später erkannt.

Juli und August sind die Monate,
in denen es hier Knott gibt.
Staubfein schweben sie in dicken Wolken heran.
Sie sind eine Qual für Mensch und Tier.
Am letzten Morgen, schon wieder in Grövelsjön, werden wir von ihnen überfallen.
Ich spüre den charakteristischen Schmerz von ihren Bissen im Augenblick, da ich aus dem Zelt trete.
So dicht, als hätte ich Strümpfe an,
sitzen sie an meinen Beinen.
Es nützt nichts sie zu vertreiben.
Man ist ihnen ausgeliefert.

Rentiere grasen in der Wiese.

Wir hatten mit Brigitte einen Treffpunkt verabredet. Dorthin gehen wir, setzen uns unter das Vordach eines Hauses und spielen einige Partien Schach.
Dann sind wir wieder eine Familie.

Im nächsten Jahr wollen wir wieder ins Fjäll.
Wir müssen irrsinnig sein!

1992

In Frankreich

Reisenotizen Ostern 1994

In Frankreich waren wir schneller, als wir es bemerkt haben. Der Rhein noch ein Fluss in beeindruckender Landschaft, links eine Wasserstraße, die ein Häusermeer und eine Industrieregion durchschneidet: Großraum Basel.

Hinter der Grenze will ich telefonieren.
Und sehe einen Film.

Ein Stück aus einem Krimi.
Drei Flics recken ihre Hintern in die Höhe.
Alles, was gewöhnlich zu den höheren Ebenen zählt, ist in einem Kofferraum verschwunden.
Ich hatte geglaubt, es gäbe keine Grenzkontrollen mehr. Dem Autofahrer ging es anscheinend ebenso.

Am Tage der Abreise noch Spätwinter in Berlin.
Aber die Schwanzmeise hatte wohl schon die Ahnung vom Frühling. Sie inspizierte aufgeregt die Hecke im Garten. Orangekehlchen und Kernbeißer waren ebenfalls auf Nistplatzsuche. Im Efeu, der den Kieferstamm umhüllt, lebhaftes Treiben.

Am nächsten Morgen in Weil am Rhein.
Die Überraschung waren blühende Obstbäume.
Buchen in frischem Grün.
Ein Traum.

Belfort, die alte Festung.
Ein neues Stück Frankreich.
Vor Jahren das Elsass,
Hochsavoyen und ein Stück der Sarre/Saar.

Das verstaubte Schulfranzösisch
an den Reklamewänden aufpoliert.
Oder an den Mitteilungen an die Verkehrsteilnehmer.
Vous n'avez pas la priorité!
Ralentir.
Rappel.

Der erste Einkauf im Supermarché;
an der Käsetheke kann ich nicht vorbeigehen.
Ich bin bereit, ein Vermögen herzugeben.
„*Wie viel Käse ich noch zu essen gedenke*",
fragt Brigitte.
Ich beschränke meine Wunschliste.
Troiscent grammes vom Comté.
Die Verkäuferin setzt das Messer an: genau 300 g
zeigt die Waage.

Augenmaß!

Bis wir heiser sind, begrüßen wir jedes alte Gemäuer mit Freudengeheul.

Wer sein inneres Frankreichbild sucht, findet seine Vorstellungen hier allenthalben bestätigt.

Mein inneres Frankreichbild.
Artaud bis Zola.
Shakespeare & Company.
Heinrich Mann.
Louis de Funès,
Tati und die beiden Maria aus „*Viva Maria*"!
Brigitte Bardot und ... ja, wie heißt sie?
Jeanne Moreau!
Antheil, Strawinsky und Debussy.
Cézanne, Pizarro, Berthe Morisot.
In Frankreich werden auch Weitgereiste schnell zu Franzosen. Dass ich viele Bilder in mir trage, hatte ich schon früher am Niederrhein und in den Niederlanden erfahren.
Jetzt wieder in Frankreich.

Besançon.
Wir fahren durch die alten Befestigungsanlagen.

Die Kriege unserer Vorväter
drängen sich unweigerlich in das Bewusstsein.
Blutgedüngter Boden.
Fruchtbares Land.

Arbois, wo Pasteur als Kind lebte.
Das Haus mit weißem Eisengitterzaun.
Das einzige der Stadt,
das sich auf diese Weise dem Straßenleben entzieht.
Arbois, eine alte Stadt.
Jedes zweite Haus mit einer Weinkellerei.
Weltbekannte Namen.
Teure Marken.

Ein Fest für die Stadt.
Wir sehen Kinder in mittelalterlicher Kleidung.
Die Kleinen an der Hand von Mutter oder Großmutter.
Sie streben alle dem Platze zu, wo der Rummel ist.
Karussell und Buden, wie anderswo auch.
Männer sitzen miteinander beim Wein.

Baume les Messieurs.
Abtei schon seit dem 6. Jahrhundert.
Vorher haben die Mönche
in den Grotten der Umgebung gewohnt.
Jura.

Früher waren wir in der Fränkischen Schweiz,
auf der Alb und in Porrentruy.

Überall Blumen.
Anemonen in den lichten Buchenwäldern.
Primeln, Knoblauch und Veilchen auf den Wiesen.
Rosmarin und Thymian. Träubchenhyazinthen.
Jede Blume hat irgendwo ihre wilde Mutter.
Hier blühen sie.

Morgen ist Sonntag.
Gibt es da offene Tankstellen?

Domblans.
Les Platans.
Unser Hotel. Das Bett!
Die Franzosen haben eine andere Einstellung
zum Leben, zur Liebe.
In der Nacht einander in den Armen halten.
Ein Glück für die, die es zu schätzen wissen.

Hat die Beziehung schon bessere Zeiten gesehen,
tut man's oder auch nicht, sagt Brigitte.

Wie Gott in Frankreich.
Zum Essen nehmen wir uns Zeit.

Wie alle hier.
Auswählen ist schon der erste Genuss.
Das Vorspiel.
Jambe con moutague oder Groûtes oder ...
Schon drei Varianten bei den Vorspeisen.
So geht das weiter bis zum Dessert.
Dazwischen die Käseplatte.
Bei der ich zu bleiben beschließe.
Leider holt die Wirtin sie fort, ehe ich geplatzt bin.
Sie sei schon in Berlin gewesen, erzählt sie uns dafür.

Lecker der Wein des Dorfes.
Sauber der Kopf am nächsten Morgen.

Die andere Einstellung zurzeit.
Man hat Zeit.
Man lässt sich Zeit.
Für alles.
Nur die Nächte sind hier zu kurz.

Die Platanen vor dem Hotel,
wie auf allen französischen Gemälden
und Fotografien.
Von allen Zweigen entblößt.
Nur ein paar starke
und knubbelige Äste sind übriggeblieben.

Ist das alter Brauch, der den Brennholz vorrat sichert?
Oder gibt es zu viel totes Holz,
wenn nicht zurückgeschnitten wird?
Es gibt ja auch die Theorie, der Rückschnitt stärke Gesundheit und Wachstum der Bäume.
Wie beim Weinstock.

Château Chalon mit seiner Kirche aus dem XII. Jahrhundert, hoch oben auf dem Felsen.
Ob sie dort oben
auch ihre Kinder angebunden haben?
Ich denke an die Fjordbauem in Norwegen.
Wir wissen es nicht.
Dunkelrot versinkt die Sonne in einem tief blauen Dunststreifen. Kitschig sind solche Bilder nur, wenn man zu Hause im Sessel sitzt.

Der alte Mann in seiner Wohnküche.
Großer runder Tisch, mit Wachstuchdecke.
Ein Platz für viele.
Die Familie?
Vielleicht irgendwohin,
zerstreut in die Slums der großen Städte.
Rotwein in einer Karaffe.

Äußerst bescheidene Einrichtung

für ein einfaches Leben.
Ist unser Leben angenehmer, nur weil wir für unsere Accessoires mehr aufwenden?

Alles nur Gewohnheiten.

Hier ist alles voller Anemonen.
Picknick mit der eben gekauften Marmelade.
Die Früchte sind noch heil.
Baguette mit Himbeeren oder Kirschen.

Links, über den Acker hin, schauen wir.

Fasanen.
Nahe dem Waldrand Rehe auf der Wiese.
Die Felswände haben mindestens 20 m Überhang.
Ein kleiner Kiesel nur, von der Höhe genügte, um dem allen ein Ende zu machen.
Ein Bussard kreist über den Abstürzen.
Wir wollen noch leben.

Ein Kanal mit Schleusentreppen.
Auf den Treidelwegen Radfahrer.
Angler.

Der Süden beginnt irgendwo

zwischen Bourg-en-Bresse und Lyon.
Die Besiedelung zieht die Berghänge hinauf.
Oder richtiger wohl, von dort, in die Täler herunter.
Denn bis die Flüsse reguliert worden sind,
waren die Täler, des Hochwassers wegen,
periodisch unwirtlich.
Wasser und Geröll.
Heute macht man Geld damit.
Das Leben musste sich auf halber Höhe abspielen,
wo die Verkehrswege liefen.
Oder in strategisch sicherer Lage
hoch oben auf den Bergen.

Ganze Dörfer mit Mönch-Nonnen-Deckung.

Uns kündigt sich der Süden
auf eine sehr angenehme Weise an.
Eine andere Luft.
Zuerst ein Hauch nur, noch gar nicht bestimmbar,
doch bald erkennen wir den Duft.
Würzkräuter.
Die ganze Welt würzt
und parfümiert sich mit diesem Duft.
In Aubignan denke ich an die längst abgerissene
Gewürzmühle Heilmann.
Berlin-Lichterfelde. Am Hafen.

Unweit der Pumpstation, die auch verschwunden ist.

Waldemar Röseler hat sie gemalt.
Zu Anfang des 20. Jahrhunderts.
Sein Bild hängt in der Nationalgalerie zu Berlin.
Gegenüber der Pumpstation
zwei bescheidene Beamtenhäuser.
Herr Faden wohnte dort.
Alles hat dem Kraftwerk weichen müssen.

Napoleon wollte, selbst wenn er blind wäre,
Korsika am Duft erkennen können.
Vielleicht könnte ich das für die Provence sagen.
Nur müsste man mir die Tageszeit sagen.
Morgens duftet es hier anders als abends,
oder in der Nacht.

Es ist kurz vor Ostern.
Tagsüber schon sommerlich warm.
Für die Campingplätze beginnt die Saison später.
Wir haben Mühe, einen zu finden, der schon in Betrieb ist.

Aubignan.
Place Albin Durand.
Martyr de la Résistance.
1895 – 1944.

Sie werden ihn wohl gehängt haben.

Eine ausgebreitete Decke unser Speisezimmer.
Feldsalat, Käse, Wurst, Baguette.
Und herrlicher Wein.
Côtes de Mt. Ventoux.
Rosé mochte ich früher nicht.
Seit ich den Hiesigen trank, weiß ich
ihn von den Nachahmungen zu unterscheiden.
Wie Gott in Frankreich.

Brigitte, ich halte dich in meinen Armen!
Lange vor Tagesanbruch wecken uns gallische Hähne.

Carpentras mit seinen Platanenalleen.
Lichter Schatten.
Die Menschen sehen darin besonders schön aus.

Das römische Theater, die Reste des Triumphbogens
und der Stadtmauer in Orange.
Hohe Steinmetzkunst.
So regelmäßig mauert die Gegenwart nicht.

Avignon.
Das Auto an den Fels gestellt,
auf den die Stadtmauer gebaut ist.

Es gibt keinen besseren Weg in die Stadt,
als von dieser Seite die Treppen hinaufzusteigen.
Noch ehe wir die Stadt sehen können,
geht unser Blick überdie beiden Rhônearme,
die Insel und das weite, hügelige Land,
jenseits des Flusses.
Wie heißt jene kleine befestigte Stadt, der Turm?
Villeneuve-lès-Avignon, werde ich später lesen.

Atemlos,
nicht nur vom Steigen, gelangen wir in die Gärten.
Monumente der verdienten Bürger.
Eine üppige Frau im Teich.

Umgeben von schwarzen Schwänen und Graugänsen.
Die Serpentine hinab zum Dom.

Hier blühen schon die Rosen!

Der Dom, äußerlich mit einer Christusfigur verkitscht.
Innen eine dunkle Höhle, aber im Bereich des Chores
und der Dachlaternen interessant.

Papstpalast;
im Zuge der Französischen Revolution säkularisiert.
Danach verkommen und verfallen, als Kaserne benutzt.

Restaurierungsbemühungen
schon seit 9 Jahrzehnten mit großer Anstrengung.
Dennoch wird sich
das frühere Bild nicht mehr herstellen lassen.
Von der Dachterrasse der Blick
auf die ehemalige, die alte Stadt.
Sie ist, wie auch der Palast,
von den Jahrhunderten geprägt.
Alt und Neu, alles durcheinander.
Vieles auf antiken Mauem.
Sie treten
in modernen Fassaden als Kleinodien hervor.
Plätze mit Straßencafés.
Flanierende Menschen.
Elegante Geschäfte.
Unsere Vorstellung von *„Südlichem Flair"*.
Autoströme in den neueren Stadtteilen.
Im Umland Fabriken.
Gewerbeparks.
Die die Landschaft zerstört haben
und das Gegenteil von Park darstellen.
Die Reste vom Pont d' Avignon.
Wenn die Bögen noch original sind,
stellen sie ein technisches Wunder dar.

Tanken hier, wie in alten Zeiten, noch mit Bedienung.

Meine Werkstatt.
Toutes marques.
Die Pumpen auf dem kiesbestreuten Hof.
Vidange, armortiseur, Pneus Englebert.
Madame mit Schürze, vom Kochtopf eilend,
bringt den Duft von Zwiebel und Knoblauch mit.
Alles sehr appetitlich.

Apetittlich, würde Arno Schmidt vielleicht schreiben.

Roquemaure.
Hier wächst ein schwerer Rotwein.
Bemerkenswert, was er aus uns machte.
Der Wasserturm verschandelt das ganze Stadtbild.
Ruinen.
Befestigung im Herzen der Stadt.
Auf dem Berg.

Châteauneuf du Pape.
Auf einem herrlichen Jurafelsen gelegen.
Nirgendwo sahen wir so viele Weinkellereien.
Im Ort begegnen uns Maurer,
die sich die kalkigen Hände reiben.
Es ist gleich 12 Uhr.
Mittagspause.
Die Wärme steht über dem Land

Man kann sie kaum ertragen.
Wie mag es erst im Sommer sein?
Unser Durst ist noch zu löschen.

Der Blick wird eingefangen, festgehalten.
Überall, in dem bunten Grün.
Orange-rötliche Dörfer.
Freies Feld gibt es hier kaum.

Pont-du-Gard.
Der Parkwächter interpretiert das Kennzeichen falsch,
hält uns für Spanier, buenos dias, schwenkt aber schnell
auf Deutsch ein, als er erfährt, woher wir kommen.
Ein fröhlicher Mensch.

Auch diese Brücke ein technisches Wunder.
Die kleinsten Bauteile
sind die oberen Abdeckplatten der Wasserrinne.
Bei einer Abmessung
von 4 × 1 × 0.5 m sind sie über 3 t schwer.
Wie hat man sie transportiert, - und woher?
Dort muss ein großes Loch sein.

Mich erstaunt
die Exaktheit, mit der die Steine gefügt sind.
Wir entdecken auskragende Steine in den Pfeilern, auf

denen die Balken für die Baugerüste gelegen haben;
Löcher und Simse in den Leibungsseiten der Pfeiler.
Der Gardon führt nur wenig Wasser. Hat man die Steinblöcke per Floß transportieren können?
Ein Stein per Floß?
Sehr unwahrscheinlich.
Oder auf relativ primitiven Karren, auf Rollen.
Von Sklaven gezogen und geschoben.
Allein die Abdichtung der Wasserrinne, die von Uzès bis Nîmes ging, zeigt uns etwas vom Können der römischen Ingenieure.
Unser moderner Beton reißt.
Der römische hat alle Zeiten überdauert.

Nîmes über Uzès,
Wir kurven durch ein altes Städtchen.
Alles erinnert an Theater- oder Filmkulisse.
Auch die Menschen scheinen einer anderen Welt, einer uns nicht vertrauten, zugehörig.
Savoir vivre.

Bei Campanac.
Pont St. Nicolas,
die römische Straßenbrücke über den Gardon.
Gedanken und Gefühle noch in der Antike.
Dann, unvermutet, zerstörte, hässliche Landschaft.

Militärgelände.
Wir sehen Panzer.
Nîmes, eine französische Stadt, wie jede andere.
Bis wir an die antiken Stätten kommen.
Am Tempel und am Theater
scheint die Zeit verwandelt.
Wir klettern die Treppen der Arena
bis in die obersten Ränge hinauf.
Das Steigungsverhältnis der Stufen entspricht der Tribünenneigung, wir genormten Städter sind diese antiken Maße nicht mehr gewohnt.
Erstaunlich die Führung der Verkehrswege.
So ein Stadion ist problemlos und schnell zu leeren.
Man denke an eine Panik.
Hier werden noch immer Stierkämpfe abgehalten. Plakate künden die nächste Corrida für den 21. April an.
Gestern hatte hier eine Musikdarbietung stattgefunden.
Arbeiter bauen das Podium ab, nehmen Holzplatten auf und entfernen die Zeltplane, mit der man die Musiker für alle Fälle geschützt hatte.

Tarascon.
Wo der Drache einst hauste.
Das feste Haus, uneinnehmbar, über der Rhône.
Der unverkennbare Kubus, aus der Ferne
wie eine schlichte Kommode.

Das Gesims, auf Lücke gesetzte Kragsteine.
Macht einen zierlichen Eindruck und spart Material.

Maison la Romaine.
Ausgrabungen aus römischer Zeit lassen ahnen,
wie großzügig die Oberschicht zu leben verstand.
Der Zuschnitt der Häuser lässt sich anhand der Fundamentmauern nachvollziehen.
Besser wohnen unsere Großkopferten auch nicht.
Das wirklich Sehenswerte ist die mittelalterliche Stadt auf dem anderen Ufer des Ouvèze.
Herrliche Gassen.
Die Burgruine wegen Baufälligkeit gesperrt.
Der großartige Blick über Städtchen und Landschaft.

Mt. Ventoux noch gesperrt,
oben soll der Schnee noch meterhoch liegen.
Aber an der Quelle von Grozeau eine Flasche gefüllt.
Eine hundert Meter hohe Felswand.
Unten sprudelt das Wasser
in zahlreichen Strahlen aus dem Berg.
Ich muss an einen Rohrbruch denken.

Zurück über Malaucène.
Platanen in der Straße.
Café, Bistro, kleine Geschäfte.

Die alten Bilder sind wahr.
Sie werden immer lebendiger.

Über Bedoin oder Bedouin, beides sei richtig, und Mormoiron nach Venasque.
Venasque über der Nesque.
Weiter über den Col de Murs nach Murs und Roussillon.
Hier oben zum ersten Male ausgeprägter Maquis.
Undurchdringliches Gestrüpp,
wie ich es mir nicht vorstellen konnte.
Ich stelle mir das Drama vor, wenn es hier brennt.
In Murs ein Schloss, leider privée.
Überall wird aus den Hügeln Ocker gewonnen.
Wie aus einem umgestoßenen Kübel hat der orangerote Ocker das Land gefärbt.
Wir klettern hinauf nach Roussillon, durch alle Gassen.
Jeder Winkel die Reise wert.

Viele Eindrücke machen müde.
Anspruchsvoll.
Überheblich.
Deshalb ist Apt für uns ein langweiliges Nest.
Wir hatten uns mehr versprochen.

Für den wahren Genuss sollte man Kurzreisen

durchführen, für zwei, höchstens drei Stunden.
Im Gedankensprung von Berlin und zurück.
Einen Kaffee oder Aperitif auf der Gasse inbegriffen.

Über Bonnieux, malerisch auf einem Hügel exponiert,
zwei Kirchen.
Eine auf der Nase, eine ganz oben.

Und dann Ménèrbes,
wo der Verfall das Malerische abgelöst hat.
Die Kirche ist wohl nicht mehr zu retten.
Vermögende Leute haben hier Häuser gekauft.
Vielleicht ist das die Rettung für die Architektur.
Aber ob die Stadt überleben kann,
bleibt eine offene Frage.

Trotz ihres Alters ist Gordes lebendig geblieben.
Ein Zentrum der Résistance.
Mich ergreift und bewegt so etwas.
Nehmen wir wahr,
dass sie auch für uns gekämpft haben?
Ein Orden für die ganze Stadt.
La Croix de la Guerre mit Ètoile d'Argent.

Wir haben Grund, ihnen dankbar zu sein.

Die Kirche mit Jugendstil-Ausstattung.

Fontaine de la Vaucluse.
Anscheinend ein „*Muss*“ für jeden Provence-Reisenden.
Deshalb wie ein Rummelplatz.

Hier entspringt die Sorgue.

Durchschnittlich 21,25 m^3/s,
gar nicht so viel, denke ich.
Bis ich überschlage, dass das etwa 150 Badewannen sind, die hier jede Sekunde gefüllt werden könnten. Oder in einer Stunde mehr als eine halbe Million volle Badewannen. Während vieler Jahre war das Dreifache dieser Menge die Höchstmenge, aber auch das Zehnfache sei schon vorgekommen.
Und dann steht plötzlich Hermann Schwall vor uns.
Ich hatte ihn zuerst nicht erkannt.
„*Der sieht auch nicht anders als ein Deutscher aus*“,
hatte ich gerade gedacht.
Typischer Franzose, mit Baskenmütze.
Hermann mit Frau und Tochter.
Die Überraschung wird
mit einem Schwatz auf der Straße erörtert.

Entsetzlich viele Touristen.

Deutsche zumeist.
Sie lassen Geld hier.
Trotzdem sehen wir
ungewöhnlich viel verfallene Häuser.
Vielleicht die Feuchtigkeit?

Überhaupt sind die alten Städte in Gefahr zu verfallen.
Wie viele sind nicht alten Ursprungs, haben noch antike Kerne oder bezeugen mit stilistisch bemerkenswerten Bauten andere Epochen.
Sich selbst überlassene Weinfelder.
Landwirtschaft scheint sich
auch hier nicht mehr zu lohnen.
Wir sind Barbaren,
denn wir tun zu wenig für unsere Kultur.

Pernes de la Fontaine mit den Doppelturm-Toren.
Und Colomb, wo wir die Pizzabäcker von unserem Zeltplatz wieder trafen. Das *„Hallo“*, mit dem sie uns als alte Bekannte grüßten, tat uns wohl.

Immer wieder stoßen wir auf
Zeugnisse unserer Geschichte.
Hinweistafeln.
6. Juni 1944; Normandie
15. August 1944; Côtes d‘Azur.

23.–28. August; Marseille.
21. August 1944; Le Barroux.

Die Tafeln wecken meinen Wunsch, aufzuspüren, was die deutschen Okkupationstruppen damals hier angerichtet haben.
Wie kann jemand in einem blühenden Land Krieg führen, ohne verrückt zu werden?

Ich wundere mich, dass sich alle auf Nietzsche beziehen, den Nazi-Protagonisten, niemand aber auf Schopenhauer.

Ich nehme mir vor, die alten Erinnerungen aufzufrischen, Frédéric Mistral zu lesen, Aubanel und Schopenhauer.

Beaumes de Venise.

Die Straße von Fontaine-de-la-Vaucluse über den Berg nach St. Didier schenkt uns eine schöne Sicht, erst nach zwei, dann nach drei Seiten.

Als seien wir die 140 km nach Stes Maries de la Mer nur durch eine Platanenallee gefahren.
Dabei reicht sie nur von Cavaillon bis hinter St. Rémy de

Provence. Dort, wo die Straße nach Arles abzweigt.
Hier beginnt das platte Land des Rhône-Deltas,
Der große, weite Himmel.
An Arles vorbei.
Die Städte, die wir sahen, machten von außen betrachtet alle keinen einladenden Eindruck.
Die Außenbezirke von Arles voller Betonkästen und Gewerbebauten. Schreck, lass nach!

In unserer Vorstellung
war die Camargue wild und unberührt.
Was wir sehen, sind Gärten,
Weinfelder und noch unbestellte Äcker.
Der Wind weht die Krume fort.
Erst im Süden Weideland.
Weiße Pferde und schwarze Rinder.
Sind das die berühmten Stiere für die Corridas?
Oder werden sie gleich zu Corned Beef verarbeitet?

Promenade à cheval, 140 F.
Überall werden Pferde zum Ausreiten angeboten.
Svante wäre gern geritten.
Aber alles ist eine Zeit- und Geldfrage.
Man sollte dafür einen ganzen Tag haben.
Vielleicht im nächsten Jahr, am Vaccarès.

Ich denke an
das ungewöhnliche Buch „Pan im Vaccarès".
Auch das ist verschollen.

Die letzten Kilometer bis Saintes-Maries-de-la-Mer rechts und links der Straße nur noch Touristenanlagen.
Im Ort ist ebenfalls alles auf uns Touristen ausgerichtet. Boutiquen und Snackrestaurants.
Viel Rummel. Nichts Originäres.

Die Kirche Zufluchtsort für die bedrängten Bewohner,
wenn Räuber von See her das Land verheerten.
Wohin haben sich
die Leute von Stes Maries heute gerettet?
Mir fällt ein,
dass wir ja nicht plündern, sondern Geld bringen.
Aber um welchen Preis!
Als Wehrkirche gebaut, mit hochgelegener Terrasse.
Von hier konnte man gut Ausschau halten.
Die Feinde beobachten, die Bürger warnen, Pech oder Urin auf die Angreifer gießen, und schießen, ohne selbst gesehen und getroffen zu werden.

Zurück auf westlicher Straße
Aigues Mortes lockt.

Dennoch müssen wir es für ein anderes Mal aufsparen.

Arles.
In der Stadt brodelt es von Menschen.
Nach langer Suche endlich einen Parkplatz
im schlimmsten Winkel der Stadt.
Ferie de Pâques.
Jahrmarkt und Stierkampf.
Die Volksströme gehen in verschiedene Richtungen.
Stierkampf ist weitgehend Männersache.
Jahrmarkt ist für Frauen und Kinder.

Eintritt 185 F/ 145 F zur Corrida.
Ich kann keine freudige Erwartung, keine Spannung von den Gesichtern der Männer ablesen, die gleich das Publikum einer erregenden Veranstaltung sein werden.
Wir sehen die Piquadores.
Sie bewegen ihre Pferde, arme Klepper, denen man die Augen verbunden hat.
Von den Sätteln hängen Polster, Kreuzungen von Matratze und Steppdecke, sie sollen die Pferdeleiber seitlich vor scharfen Stierhörnern schützen.

Als ich den Lastwagen des Fleischers sehe, wird mir klar, dass der Stierkampf kein Spaß, sondern blutiges Ritual ist.

Für den Stier hat das letzte Stündlein geschlagen.
In jedem Fall.
Auch, wenn er vorher den Torrero überwinden sollte.
Ambulanz oder Sargwagen haben wir nicht sehen können.

Die Stadt scheint geleert und aufgeräumt.
Jetzt sucht man sein Vergnügen auf dem Jahrmarkt oder beim Stierkampf.
Von der Arena kommt hin und wieder ein Aufschrei der Menge.
Das Vorspiel zu dem großen Ereignis hat begonnen.
Die Menschen werden langsam in Stimmung gebracht.
Wir sind froh, schon die Arena von Nîmes besichtigt zu haben und schlendern durch die Altstadt, sehen das antike Theater, Reste antiker und mittelalterlicher Steinmetzkunst und den Verfall, dem auch diese Stadt wohl unabweislich ausgesetzt ist.
Alle Museen der Stadt sind zum Fest geschlossen.
Ein andermal!
Sich etwas für die Zukunft lassen.
Setzt voraus, dass man mit der Zukunft rechnet.
Hoffnung.
Ein Ziel.

Les Baux.

Kein Ziel.
Touristenrummel par excellence.
Keine belebte Stadt, sondern ein Schaustück.
Die dreischiffige Kirche ist vielleicht das einzige Gebäude der Stadt, welches nicht völlig der Peep-Show überantwortet ist.

Salon de Provence.
Ein Ziel.
Eine gepflegte, sehr schöne, alte Stadt.
Hier möchte ich gern längere Zeit wohnen.

Jean Moulin; Prefect.
Organisator der Résistance.
Zweimal verhaftet und gefoltert.
Sein Mahnmal (auf Vorschlag von Chaban-Delmas) an der Straße zwischen Orgon (Cavaillon) und Salon.

Was ist Ehre?
Nichts getan zu haben gegen die deutsche Okkupation, wäre gegen jeden Begriff von Ehre gewesen.
Ich muss mich fragen, was ich unter Ehre verstehe.

Aix-en-Provence.
Milhaud stammt von hier.
Die Altstadt, malerisch, gepflegt,

voller schöner Geschäfte.
Ohne unangenehme Touristenattraktionen.
Eine Stadt der Studenten.
Aber außerhalb des Altstadtringes nur an den Stellen schön, wo die grünen Villenviertel anschließen, also bergauf.
In Richtung Marseille stehen Mietskasernen.
Hier hat die Stadt eine ganz andere Atmosphäre.
Reklametafeln, Dürftigkeit, Armut.

Wir nehmen unseren Weg von Saumane de Vaucluse über La Crémade nach St. Didier.

Aubignan.

Wie durch einen Garten nach Bollène.
Hier verändert sich das Bild.
Hügel.
Eine entgleiste Stadt.
Über die Rhône nach Pont St. Esprit.
Eine Treppe führt vom Rhôneufer
hinauf zu den beiden Kirchen.
Sie geben sich für eine imposante Silhouette her.
Auf dem Platz St. Pierre, wieder im Schatten von Platanen, müssen wir erkennen, dass sich beide Kirchen in einem erbärmlichen Zustand befinden.

Haben sie hier zu viele Altertümer, oder steckt der Klerus kein Geld in alte Kirchen?
Welche Auswirkungen mag der Krieg auf die alten Gemäuer gehabt haben?
Der letzte Bogen der alten Rhônebrücke ist aus Beton. Gut vorstellbar, dass ihn die Deutschen beim Rückzug in die Luft gesprengt hatten.

Bagnol sur Cèze, Roquemaure, Châteauneuf du Pape, Sorgues, Entraigues, Monteux, Aubignan.
Mir macht es Spaß, auf den kleinen Dorfverbindungsstraßen zu fahren. Felder mit blühenden Obstbäumen, Äpfel, Birnen, Kirschen.

Nach Forcalquier und Manosque durch die Haut Provence. Je höher wir kommen, desto spärlicher wird der Frühling. Die Gegend hinter Apt erinnert an die Fränkische Schweiz. Auch dort ist es noch lange kühler als im Umland. Vielleicht ist es im Mai und Juni hier weniger karg. Forcalquier und Manosque sind wie ausgestorben.
Ein paar algerische Gastarbeiter sind die einzigen Menschen, die wir sehen.
Bei der Pont de Mirabeau über die Durance wird es wieder schön. An den Ufern die Reste der beiden Türme, die nach meiner Vorstellung die Widerlager für Seile bildeten, an denen die Brücke gehangen hat.

Ich sollte der Frage nachgehen,
wie die Brücke ausgesehen hat.
Über Mirabeau, Pertuis, Lauris.
Eine Pinie in schöner Landschaft.
Senas, Salon, Aix.
Aix, die Großstadt,
die nur in der Altstadt das bietet, was ich suche.
Das Bild von Frankreich, das ich in mir trage.

Orange.
Da reiht sich Platz an Platz.
Place du Commerce.

Ein Paar.
Er mag aus der Karibik sein, sie vielleicht aus Paris.
Sie begrüßen die Gäste des Cafés.
Mit 6 Bällen beginnt er zu jonglieren.
Später nimmt er Keulen, entzündet sie; reine Molotowcocktails wirbeln durch die Luft, eine Keule landet auf seinem Fuß, bleibt dort eine Weile, dann fliegt sie wieder hoch, ehe sie für einige Zeit auf seinem Kopf pausiert. Die Flammen rücken näher, ich fürchte für seinen Schopf.
Jetzt wünscht er seinem Publikum einen schönen Tag.
Man klatscht begeistert.
Sie war während der Vorstellung im Hintergrund

geblieben. Jetzt geht sie mit einer Mütze von Tisch zu Tisch.

Hôtel de Ville.
Wir sehen das Theater.
Das griechische Halbrund
geschickt vor den Berg gelegt.
Hoch hinauf gehen die Sitzreihen.

Das Tor.
Alles wird restauriert.

Wir wollen uns nicht losreißen.
Was hilft das Sträuben,
endlich fahren wir nach Norden,
über Châlon sur Saône nach Meursault.
Meursault!
Es ist Spätwinter in Meursault.
Kalter Nieselregen und kahle Weinfelder.
Die rostbraune Erde klebt an unseren Schuhsohlen.
Mir ist, als sei ich mit einem Male in einer anderen Welt.
Was können wir anderes tun als träumen?

Auberge de Lautenbach.
Über Guebwiller.
Colmar, Kleinkems.

Ich träume mir die Geschichte von Denis St. Lazair
und Christine Meunier.
Christine und Denis, die durch Frankreich tingeln,
bis sie sich bei Mulhouse trennen.
Er muss nach Strasbourg, das Semester hat schon begonnen, sie hat für ein paar Tage einen Job in Freiburg.
Sie führt in einer Boutique Kleider vor.
Die Kundinnen sind zu Edelzwicker
und belegten Brötchen eingeladen.

Das Wiedertreffen in Berlin.
Winterfeldtmarkt.
Ein Korb mit Tüten „*Herbes de Provence*“
von der Oma in Vaison de la Romaine.

Polenreise 1998

Einmal zurückkehren dürfen, schauen, was ist.
Unverändert und doch ganz anders.

Wie von zwei Folien, die aufeinanderliegen, erscheinen
die Bilder von Gegenwart und Vergangenheit.
Die Häuser und Straßen,
seltsam vertraut und gegenwärtig.
Aber auch fremd, losgelöst von Zeit und Raum.
Wo Bäckerei stand, steht heute piekarnia.
Ich weiß, was es bedeutet und verstehe nicht.
Wie in einem Traum.
Und ich fühle mich heimatlos,
dem Geschehen ausgeliefert.
Wie in einem Traum.

Schauen, was ist.
Erfinden, was gewesen ist.

Wir planen eine Reise.

„Polnische Wirtschaft!"
Schimpfte meine Mutter, wenn sie mein Zimmer betrat.

„Polnische Wirtschaft“ bezeichnete die unterste Marke einer Bewertungsskala meines Verhaltens. Spät erst ging mir auf, dass in den Worten mehr steckte als das Bemühen, mich zum Aufräumen zu bewegen.

Den verbalen Alltag meiner Kindheit durchwehten noch weitere Floskeln, die sich als geschichtsträchtig erweisen sollten.

Gezänk mit meinen Geschwistern löste immer pädagogisches Handeln bei den Eltern aus. Beschränkten sie sich auf kritisches Kommentieren, gab es unter ihren Sprachgewohnheiten gleich zwei Alternativen, an die hier zu erinnern ist.

„Es geht hier zu wie in einer Judenschule!“
„Ihr benehmt euch wie die Hottentotten!“

Später sollte mir aufgehen, dass es nicht nur eine umgangssprachliche, sondern auch eine schicksalhafte Nähe zwischen Hottentotten und Juden gibt.

Der von den Deutschen verübte Genozid an den Hottentotten liegt nur eine Generation vor dem Holocaust. Und das Volk der Mörder entlarvt sich über seinen Sprachgebrauch.

Das Lieblingswort von A. H., >*schlagartig*<, ist ebenso in aller Munde wie >*mordsmäßig*<, >*Mordsgaudi*< oder >*bis zur Vergasung*<.
Wer sich und seinen Landsleuten aufmerksam zuhört, wird die Liste leicht vergrößern können.

1. Polnische Teilung 1772.

„Kann man alles kaufen?“
„Wo findet man ein gutes Restaurant?“
„Was kostet ...?“
Ich frage Gabryela nicht.
Mir käme es vor, als fragte ich sie, ob sie denn auch Straßen in Polen hätten.
Sie gibt uns stattdessen Tipps, wie wir günstig Geld tauschen würden.
„Jedenfalls nicht gleich hinter der Grenze!“
Als Polin bekomme sie natürlich einen günstigeren Kurs als wir!

Mein Atlas zeigt
die polnischen und die deutschen Namen.
Ich bin froh darüber.

Wir fahren durch Alt-Landsberg.

Für uns ist es das Tor zum Osten.
Wir sehen Zeilen kleiner grauer Häuser.
Schon irreparabel verfallen.
Wie später, hinter der Oder, noch oft.

Adenauer soll gesagt haben, Asien begänne an der Elbe.

Neu-Hardenberg.
Das Schloss.
Schon will niemand mehr gewusst haben,
wo Marxwalde lag.
In Deutschland verblasst
die Vergangenheit langsamer als die Gegenwart.

2. Polnische Teilung 1793.

Wir würden sehen, die Polen könnten ihr Land nicht
richtig in Besitz nehmen, meinte Walter Krug.
Was ist *„richtig“*?

Die Deutschen hatten
alles *„richtig“* in Besitz genommen.
Dafür gibt es Zeitzeugen.

Jonna war damals nach Tschenstochau dienstverpflichtet, ins *„Generalgouvernement“*. Später berichtete sie von ihren Erlebnissen. Sie schüttelte sich jedes Mal und verlangte nach einem Schnaps.

Morgens, auf dem Weg zum Dienst, habe sie oft ermordete Polen am Straßenrand liegen sehen. An diesem Punkt ihres Berichtes begann sie jedes Mal zu weinen und verlangte einen weiteren Schnaps.

Uns schauderte.
Sie trank und weinte, bis sie zusammensackte.

Kortelisy, Oradour, Lidice.
Vorgeblich im Einklang
mit der Haager Landkriegsordnung.
Bagatellisierte Verkehrsunfälle der Kriegsgeschichte.
Warum sich über das Geschehene aufregen?
Bald kräht kein Hahn mehr danach!

Bei uns regt man sich auf,
wenn jemand an die Verbrechen erinnert.
„Können Sie das Vergangene nicht endlich ruhen lassen?!“
Hingegen ist Bromberg nie vergessen worden. Nur vom „Bromberger Blutsonntag“, dem 3. September 1939 habe ich zu Hause und in der Schule erfahren.

Die 5.437 Toten wurden kurzerhand verzehnfacht.
Die Schilderungen entfachten Angst und Hass.
Nicht nur in der Kinderseele.

Das Oderbruch.
Seelow und die Seelower Höhen.
April 1945.

Kietz.
Junge Menschen am Straßenrand.
Gelangweilte Gesichter.
Arbeitslose.
Ohne Zukunft.

Links die Eisenbahn.
Güterwaggons versperren die Aussicht.
Rechts eine Zeile einfacher Häuser.
Die Zeit scheint stillzustehen.

Hinter der Oder weitet sich das Land.
Anhalten an jedem Bahngleis.

Auf einem Damm schnurgerade
die Straße durchs Warthebruch.
Neben der Chaussee nur die Eisenbahn.
Wir bezweifeln, dass hier noch Züge fahren.

Eine wilde, grüne Ebene.
Die Bäume haben aus der Straße einen Tunnel gemacht.
Einsamkeit.
Lange sehen wir in der Landschaft nichts, das auf Menschen hindeutet.

Die Erinnerungen überschwemmen mich.
Ich spreche von Personen, deren Namen und Schicksal mir längst verloren gegangen waren.
Neben mir Brigitte.
Sie notiert alles, was aus mir sprudelt.

Walter Krug, so meine ich,
vermisst die Farbe an den Häusern.
Denn adrett sehen die Dörfer nicht aus.
Je weiter wir kommen, desto mehr verwundert es uns: Wie dürftig alles ist!
„Freude ist doch auch eine Produktivkraft.“

Hatten die Menschen kein Geld, oder gab es nichts zu kaufen?
Polen hat heute Dritte-Welt-Probleme. Andere Völker haben jahrhundertelang seinen erarbeiteten Reichtum geplündert.

Den politischen Veränderungen folgt der wirtschaftliche

Wandel nur langsam nach.
Überall zeigt sich, dass Polen *„keinen großen Bruder mit der dicken Marie“* hat.

Ich denke an Tante Cognac.
Frau Konczak, damals eine Bekannte meiner Eltern, sprach Englisch, Polnisch und Bayrisch.
Kind polnischer Eltern, die nach Australien ausgewandert waren.
Zur Ausbildung zurück nach Old Europe.
Fotografin in München.
Ihr derbes Deutsch hatte sie von der bairischen Köchin gelernt.
„Tante Cognac“ nannte ich sie; der Name sprach sich schnell herum und blieb an ihr haften, bis man aus ihr eine Nummer machte.

Zur Sicherheit in die Haut des linken Armes tätowiert.
Aber darüber sprachen die Eltern nicht, auch wenn ich sie fragte.
„Musst du denn immer wieder die alten Geschichten aufwärmen?“
Aber ich hörte nicht auf zu bohren.
Dennoch blieb Tante Cognac verschollen.

Vielleicht in Auschwitz ...

Das Schicksal von Millionen.

„Die Gnade der späten Geburt“.
Ich denke an Tante Cognac.
Wir stehen in unserer Geschichte und sie verlangt, dass wir zu ihr stehen.

Bei Posen die Bahnschranke.
„Wie in Karstädt“, sage ich zu Brigitte und hole das Mittagessen heraus.
Wir lassen es uns schmecken.
„Und wenn alle gegessen haben, schickt die Bahnverwaltung einen Zug, damit die Schrankenwärterin weiß, dass alle gesättigt sind. Dann dreht sie die Schranke wieder hoch, und alle dürfen weiterfahren!“
„Wie in Karstädt!“, sagt Brigitte.

Berlin liegt ein halbes Jahrhundert hinter uns.
Vor uns
die beiden Türme.
Als sei es gestern gewesen.
Gnesen.
Gniezno, die erste polnische Hauptstadt.
Vor bald tausend Jahren.
Noch bevor wir die Stadt sehen,
steht der Dom in seiner wuchtigen Masse vor uns.

10. bis 17. Jahrhundert.
Die Straße führt in einer Kurve an ihm vorbei,
den Berg hinauf.

Schon bin ich auf meinem Schulweg.
Ich sehe mich hier gehen, wie jeden Morgen.

Dort meine Schule.
Unverändert, die rote preußische Backsteinfassade.
Ich weiß, wie es in dem Gebäude riecht.
Bohnerwachs und Schweiß.
Angstschweiß zumeist.
Eine seltsame Mischung.

Immer hatte ich mir unsere Reise so vorgestellt,
dass wir mit dem Zug über Gnesen nach Klötzen fahren; über *Gniezno* nach *Kłecko*.

So wie damals, als ein Gutshof bei Klötzen für ein Jahr meine neue Heimat werden sollte. Den schrecklichen Bombenangriffen auf Berlin entronnen.
„*Evakuierung*", sagten wir damals.

Klötzen und das Land ringsum, mein kleines Paradies.
Es war ein geraubtes Paradies, aber das wusste ich damals noch nicht.

Mutter war eine Städterin
und auf das einfache Landleben nicht eingestellt;
sie hatte die ewige Sommerfrische bald satt.
Es zog sie in die Stadt zurück.
In die Stadt, und sei es nur das kleine Gnesen!

Wir sind noch nicht an unserem Ziel, denn wir fahren in *Gniezno* umher.

Mein Plan war, am Bahnhof von *Kłecko* zu beginnen.
Dort wollte ich unsere Erlebnisse an jene von damals knüpfen.

Als wir damals in Klötzen aus dem Zug stiegen, begannen die Abenteuer.
Ein Kutscher trat auf uns zu.
Er hatte die Mütze in der Hand und
verbeugte sich mehrmals zur Begrüßung.

Dann führte er uns zu einer zweispännigen Kutsche, mit der er uns zum Gut fahren wollte.
In Berlin waren wir manchmal noch Taxi gefahren.
Denn gleich zu Anfang des Krieges war Vaters Auto stillgelegt worden.
Viel lieber aber fuhr ich mit dem Bus.
Jetzt entzückte mich die Aussicht, den Rest unserer

Reise in einer Kutsche zurückzulegen.
Und als der Kutscher sagte, ich dürfe da oben auf dem Bock neben ihm sitzen,
hatte mich der alte Jaworski schon gewonnen. Das war der Anfang einer ereignisreichen Zeit, in der wir ein nahezu unzertrennliches Gespann bildeten.

Für Touristen, die der Vergangenheit nachreisen, sind die beiden Züge, die *Kłecko* heute passieren, nicht gedacht.
Der Fahrplan ist für Fabrikarbeiter gemacht, die wissen, wo sie am Feierabend hingehören.
Uns schreckte das Kursbuch aus allen romantischen Träumen. Mit dem Zug würden wir von *Kłecko* kaum am gleichen Tage wieder fortkommen, und die Vorstellung, in regnerischer Nacht kein Dach überm Kopf zu haben, ließ uns schließlich das Auto nehmen.

Es ist nicht sicher, ob tief innen nicht auch eine uneingestandene Furcht saß, das Gastzimmer könnte von Wanzen und Flöhen bevölkert sein.
Jedenfalls ist mir meine Freude, als wir uns entschieden hatten, sehr verdächtig.

3. Polnische Teilung 1795.

Nicht Polnisch zu können,
ist eine Selbstverständlichkeit.
Polnische Teilung des 20. Jahrhunderts.
Allerdings gilt es hierzulande als Makel,
nicht Englisch oder Französisch zu sprechen.

Eine Abweichung von der Historie kann noch angehen, doch wenn wir in Gniezno hängenbleiben, verderbe ich mir das Konzept.

Alles hübsch der Reihe nach!
Später werden wir wiederkommen.

Wir beeilen uns, die Stadt zu verlassen, um endlich nach *Kłecko* zu fahren.

Nordwärts geht es nach *Kłecko*.
Rechts stehen noch immer die armseligsten Häuser von Gnesen. Bei ihrem Anblick durchliefen mich damals Schauer von Furcht und Neugier. Sobald ich in ihre Nähe kam, sah ich aus allen Löchern zerlumpte Menschen quellen, denen das Elend im Gesicht geschrieben stand.
Sie waren so, weil sie Polen waren.
Für die erbärmliche Existenz dieser Menschen gab

es keine andere Erklärung.
Damals wusste ich nicht, dass die polnischen Bürger der Stadt auf Anordnung der deutschen Besatzungsbehörden in jenen Bruchbuden zusammengepfercht waren.

Nicht weit von jenem Viertel lag meine Schule.
Es konnte nicht ausbleiben, dass mir auf dem Schulweg Gestalten begegneten, die leibhaftig vorführten, was es bedeutete, kein Deutscher zu sein.

Polen seien arbeitsscheu, dreckig, faul, unehrlich.
Ich hörte diese Worte oft.

Auf Jaworski und die vielen Polen, die ich kannte, trafen diese Aussagen nicht zu.
Fragen, auf die ich keine Antwort erhielt.

Die Zweifel waren bald dahin, denn da es alle sagten, musste es wohl so sein.
Und ohne triftigen Grund hätte mir Mutter auch nicht verboten, in die Nähe der Polenhäuser zu gehen, denn ich durfte sonst die ganze Stadt durchstreifen.

Links, auf den Hügeln, ein neuer Stadtteil.
Dort waren damals die Wiesen, auf denen wir Drachen

steigen und Modellflugzeuge segeln ließen.

Die neuen Häuser, schon mit Schäden.
Kahle Großplattenbauweise.
Der Architekturstil der Ostblockländer.
Und eine moderne Klinik oder ein Bürohaus.
Westlicher Standard.
Der Gegensatz könnte kaum schärfer sein.

Das Vertraute hat es leicht, als schön empfunden zu werden, mehr als einen Blick braucht es nicht.
Vermag ich zu sagen, warum sonst?
Nur das Fremde fordert die Aufmerksamkeit heraus.
Wenn wir es nicht auf unwesentliche Merkmale reduzieren.
Wie so oft.

Wir können nur wahrnehmen, wenn wir aus dem Chaos die für uns bedeutsamen Strukturen herausarbeiten und Kategorien bilden.
Womit wir uns festlegen.
Auch auf Vorurteile.
Sie sind uns sicher.

Dann die alte Vorstadt!
Nicht anders als irgendeine vor Berlin.

Einfache kleine Siedlungshäuser der ersten Jahrzehnte des Jahrhunderts.
Gärten hinter Zäunen.
Menschen.
Wie überall in Europa.

Das platte Land.
Der weitgespannte Himmel.
Dörfer in der Ferne. Felder bis zum Horizont.
Baumgruppen in den Wiesen.
Links die Eisenbahnlinie.
Da wären wir gefahren.

Noch immer nicht in *Kłecko*!
16 Kilometer sind eine weite Strecke.
Ich werde ungeduldig.
Endlich wieder Gärten,
Obstbäume, Ställe, niedrige graue Häuser: *Kłecko*.

Kłecko.
Wir biegen gleich nach links ab, denn wir wollen den Besuch beim Bahnhof beginnen lassen.
Später werden wir fragen, warum wir die Schule nicht gesehen hatten, als wir an ihr vorbeikamen.
Wir wollen zum Bahnhof und finden ihn nicht gleich.
Einige Neubauten irritieren mich.

Dann finde ich mich zurecht.
Das ungewöhnlich große Stationsgebäude.
Der Platz davor.
Hier wartete damals die Kutsche auf uns.
Die Straße in die kleine Stadt,
zum quadratischen Marktplatz.
Das Kriegerdenkmal ist neu.
Fahnen wehen.

Erst mit dem zweiten Blick sehen wir in der Diagonalen, außerhalb des Platzes, die Kirche. Gegen das Grau der niedrigen Häuser am Markt ein angenehmer Anblick, dieser barocke rote Backsteinbau. Schwarzgekleidete Schwestern üben mit kleinen Mädchen das Zeremoniell der Kommunion ein.

Ich möchte, dass wir hinaus zum Gutshof fahren.

Vom Marktplatz fällt die Straße in weitem Bogen in die Wiesen vor der Stadt.
Draußen liegt eine Tankstelle.
Sie hat es damals nicht gegeben.

Jetzt die Kleine Welna!
Vor der Brücke ein Gedenkstein.
Den hat es damals auch nicht gegeben.

Ich steige aus.

Blumen.
Eine Inschrift.
Ich lese mühsam Wort für Wort.
Miejsce straceń w dniach 9 i 10 września 1939 r. 112 obrońców kłecka.
Für den Knaben, der ich einmal war, bin ich erschüttert. Denn jeden Schultag bin ich hier zweimal vorbeigegangen, ohne von der Bedeutung dieser Stelle etwas zu ahnen.

Inzwischen verstehe ich so viel, dass am 9. und 10. September 1939 hier 112 Verteidiger *Kłeckos* hingerichtet wurden.

Eine winzige Episode eines großen Krieges.
Dennoch wüsste ich gern, was sich damals hier ereignet hat.

Die Kleine Welna!
Unter der Brücke wartete der Fischer auf Joachim.

Joachim Glembocki.
Glembocki.
Das Geschäft am Markt.

Haushaltswaren, Eisenwaren, Holz und Kohlen.
In dem Joachims Mutter regierte, seit sein Vater eingezogen war.
Joachims Mutter war ungewöhnlich dick.
Ihr Gesicht war ein einziges Lachen.
Sie hatte Brote für uns bereitgelegt.
Ja, ich möge Joachim nur begleiten!

Wir kletterten die Böschung hinab.
Der Fischer half uns ins Boot und legte ab.
Ich befand mich in freudiger Erregung,
denn so etwas hatte ich noch nie erlebt:
Meine erste Bootsfahrt!
Aber noch während wir unter der Brücke fuhren, wurde mir plötzlich speiübel.
Wie ein Blitz durchfuhr mich die Erkenntnis, dass ich hier ohne Erlaubnis unterwegs war. Wie habe ich das nur vergessen können?
Mutter hatte ja keine Ahnung von meinem Abenteuer und würde auf mich warten.
Schon sah ich ihren Zorn anschwellen.
Eine Verspätung hätte Mutter niemals geduldet.
Schon fühlte ich ihre Schläge auf mich niedersausen.

Ich musste wieder an Land, und zwar sofort!
Joachim und der Fischer zweifelten wohl an meinem

Verstand. Aber sie ließen mich wieder aussteigen.
Froh, als hätte ich den Ozean überquert,
rannte ich nach Hause.

Auf dem Pfad, der vor Jahrhunderten von Römern, Hunnen, Azteken, Indianern und Eskimos als Abkürzung der Landstraße in die Wiese getreten worden ist.

Es gibt ihn noch immer.

An den torfigen Stellen gab es im Sommer meistens ein Muster von Spalten und Rissen. Dort knieten wir und spähten ins Innere der Erde.
Der warme feuchte Brodem der Erde wehte uns ins Gesicht. Es roch immer ein wenig schwefelig. Aber Feuer, wie wir hofften, haben wir niemals sehen können. Im Winter lag hier Eis, auf dem wir unsere Schlitterbahn hatten.

In jenem alten Haus an der Landstraße wurden damals die polnischen Kinder unterrichtet.
Wir fanden es ungerecht, dass sie hier ihre Schule hatten, wir aber bis *Kłecko* mussten.

Wir durften mit ihnen keinen Kontakt haben, sie wohl auch nicht mit uns.

„*Cholera*"! riefen sie uns zu.
Und „*spierdalaj*", „*przyjebię ci*"!

Jeden Tag gossen sie ihren Schimpfwörterkübel über uns aus, denn sie mochten uns nicht.
Auf diese Weise lernten wir das Polnisch des täglichen Lebens; wenn wir auch nur die ungefähre Bedeutung begriffen haben. Das meiste habe ich wieder vergessen, nur das eine nicht, dass es herausfordernd schön klingt, wenn auf Polnisch geflucht wird.

Damals sah ich das Dorf als einen Teil meiner Heimat an. Erst nach dem Kriegsende erfuhr ich, wie die Verhältnisse lagen.
Wir parken das Auto da, wo die Allee zum Gut abzweigt.

An der Straßenecke steht das kleine Haus, in dem Sophie Strohbecke mit ihrem alten Vater wohnte.
In den letzten 50 Jahren ist es um einen Anbau vergrößert worden.
Sophie bewirtschaftete den Hof allein. Es hieß, ihr Bruder sei gleich zu Beginn des Krieges gefallen. Vorher sei er in einem polnischen Lager gewesen.
Als im Sommer 1939 die Spannungen zwischen Polen und Deutschen eskalierten, wurden viele Deutschstämmige von den Polen in Lager gesteckt.

Von diesen polnischen Lagern wurde viel und mit Empörung gesprochen.
„Es ist eine Schande, wie die Polacken die Unsrigen behandelt haben!“, mit solchen Reden breiteten sich Zorn und Hass unaufhaltsam unter den Menschen aus. Sie rechtfertigten alles, was in jener Zeit geschah. Und das sollten sie wohl auch. Über anderes sollte geschwiegen werden.

„Pst. Feind hört mit“. Das Plakat mit dem unheimlichen Schatten und der Mahnung zu schweigen, klebte an jeder Ecke.

Urlaub – Der Traum vom Leben

Einander beim Fahren abgewechselt.
1.230 km, 2 Fähren, eine Tankpause.
18 Stunden nonstop.
So verrückt sind wir nur, wenn es nach Furudal geht.
Zurück brauchen wir viele Tage.

Endlich angekommen.

Mein Programm und mein Ziel:
Nur noch das Auto auspacken, dann ins Bett.
Ausschlafen.

Elsa und Bengt.
Karin und Anders.
Unsere Nachbarn.

Sie haben uns erwartet.
Seit langem schon.
Wie jedes Jahr.

Jetzt kommen sie, uns zu begrüßen.
Mir ist das viel zu früh.
Erschöpft von der Anreise, möchte ich nicht reden,

sondern schlafen.
Ihr liebevolles Willkommen verdient eine Tasse Kaffee.

Das Leben setzt sich aus Episoden zusammen, an die wir uns bestenfalls erinnern.
Und diese Episoden bestehen aus Ritualen.

Unsere alten Nachbarn.
Ich freue mich, sie zu sehen und bleibe verbindlich.
Sie öffnen uns stets eine Tür zur Vergangenheit des Dorfes. Zuerst hören wir jedoch, was ihnen im Winter widerfahren ist.

Der Winter, seit alters her die gefährlichste Jahreszeit.
Seine Dramatik lässt sich nicht in ein paar Briefen schildern.
In ihnen wäre ein Herzschrittmacher nur ein Wort, aber als Bengt von seiner Operation erzählt und Elsa ihm behutsam die Hand streichelt, ahnen wir ein wenig von ihrem Bangen.

Bengt ist fünfundachtzig Jahre alt. Elsa ist sechzig.
„Als ich sie kennenlernte, war sie nicht einmal halb so alt wie ich“, sagt er, *„jetzt wird sie immer älter!“*
Bengt ist hellwach, nur die Beine wollen nicht mehr so recht.

Besser als umgekehrt.

Und schon erzählen sie die Geschichte vom greisen Hedlund, der neulich Reisig verbrennen wollte und dabei sein Haus angezündet hatte.
Niemand käme auf die Idee, jetzt Reisig zu verbrennen, denn der Regen ist schon wochenlang ausgeblieben. An den Wurzeln der Gräser, der Birken und Kiefern würde das Feuer sich unterirdisch entlang fressen und irgendwo unkontrollierbar weiter brennen.

Karin war gerade auf einen Schwatz bei ihrer alten Schulfreundin Maja. Plötzlich sahen sie an Hedlunds Blockhaus die Flammen zum Dach hinaufklettern.
Karin und Maja seien gleich hinübergelaufen, um beim Löschen zu helfen. Aber der alte Hedlund hatte noch gar nicht mitbekommen, dass sein Haus lichterloh brannte, und wollte die beiden aufgeregten Frauen nur schnellstens wieder loswerden.
Sie sollten sich um ihre eigenen Angelegenheiten kümmern, er käme mit allem zurecht.
Doch als Maja nach Hause rannte, um die Feuerwehr anzurufen, war ihm das auch nicht recht.
Es sei ihm unangenehm, die Feuerwehr zu bemühen.

Nun könnten wir uns ja davon überzeugen, dass

Maja sich durchgesetzt habe, denn das Haus sei gerettet worden.

Jetzt drängen sie Anders Pettersson, sein Abenteuer vom letzten Winter zu erzählen.

Gewiss hätte Anders uns lieber zuerst berichtet, dass er am Knie operiert worden sei und dass Karin bestimmt hatte, zur Schonung anschließend eine Reise zu machen.
„*Er ist absolut nicht im Hause zu halten*“, hätte Karin erklärt. „*Bin ich denn ein Haustier?*“, wäre sie von Anders gefragt worden, aber der setzt jetzt zu seiner Geschichte an.

Wie jeden Morgen war er übers Eis des Skattungen bis nach Skogsholmen gelaufen.
Dort gibt es immer Fische.
Wegen der starken Strömung im Sund zwischen Insel und Land, gefriert der See nicht bis zum Grund.
Wie in jedem Jahr hatte Anders bei Skogsholmen seine Wake in das Eis gebohrt.
Solange das Eis trägt, angelt er dort jeden Tag.
Selten, dass er Gesellschaft hat.

Aber früher fischten alle Männer des Dorfes vom Eis her.
Jeder hatte seine Wake und respektierte die der anderen.

Pimpelfiske, sagen sie hier.
Früher ein notwendiger Beitrag zur Haushaltung.
Ohne ihn wäre der Hunger in den Familien noch größer gewesen, als er ohnehin schon war.
Jedenfalls kein Sport.

Im Winter sind die Tage kurz.

Anders schaute zum ersten Male auf, als es schon dämmerte. Er war mit seinem Fang zufrieden.
Zeit für die Heimfahrt, dachte er und schnürte seine Bündel auf den Schlitten. Anders hatte den ganzen Tag in das Loch im Eis gestarrt und sah jetzt nicht so genau. Nach Torsmo hin schien noch jemand auf dem Eis zu sein. Er kniff die Augenlider zusammen und spähte gegen das Abendrot.

Anders wollte im letzten Licht zu Hause ankommen, er musste sich beeilen.
Aber er musste jetzt wissen, wer dort saß und angelte. Im Näherkommen sah er keinen Menschen, nur einen Haufen Decken oder Säcke, um die ein kleiner Hund sprang.
Niemand In unserem Dorf hat einen solchen Hund.
Vielleicht ist es einer aus Torsmo oder aus Skattungbyn. Mehr Möglichkeiten gibt es nicht.

Touristen gibt es um diese Jahreszeit keine.
Wo nur ist der geblieben, dem der kleine Hund und das Zeug gehört? Es wäre nicht das erste Mal, dass jemand in der eigenen Wake ertrunken ist.

Noch ein paar Meter,
dann übersieht Anders plötzlich die Lage.
Niemand, der hier fischt.
Auch kein Hund.
Sondern ein Bärenjunges, das spielerisch um seine schlafende Mutter springt.

Und weil vor Bärenmüttern selbst Anders Pettersson Respekt hat, eilt er, so schnell es nur geht, zu seinem Schlitten.
Den schnallt er sich um und dann sprintet ein 75-Jähriger 8 Kilometer übers Eis, nach Hause!

Anders schaut vom Wohnzimmerfenster noch einmal mit dem Fernglas über das Eis. Die Bärin und ihr Junges sind verschwunden. Aber Anders kann ein anderes Naturschauspiel beobachten.
Drei Wölfe hetzen ein Reh.
Es war ein Fehler, nicht im Wald geblieben zu sein, sondern aufs Eis hinauszulaufen.
Jetzt rutscht es und stürzt.

Die Wölfe haben ihre Beute.

Alle bewundern wir Anders.
Wir lassen es ihn wissen,
solche Erlebnisse hat nicht jeder.
Und als wolle er gar nicht erst Zweifel aufkommen lassen, erinnert er uns daran, dass er im letzten Herbst, beim Preiselbeerenpflücken, ebenfalls einen Bären aufgestöbert hatte.

Preiselbeeren.
Dem alten Brauch folgend, jedem, der fortgeht eine gute Zehrung auf den Weg zu geben, hatte Karin uns welche zur Heimreise geschenkt.

Im Winter trösteten sie uns über die Sehnsüchte hinweg.

Unsere Gäste verabschieden sich.
Wir sitzen in der Wiese über dem See und trinken Kaffee. Die blauen Berge der Ferne scheinen bis an die Ufer des Skattungen gerückt. Bald wird die Sonne hinter den Bergwänden verschwinden.
Dann werden violette Farben über sie wandern.
Luft und Himmel werden rot glühen.
Und fasziniert von dem Schauspiel werden wir ausharren, bis der Himmel nur noch von einem zarten Rosa

überzogen ist, an welchem eine halbe Stunde später sich das Morgenrot entzünden wird.

Obwohl wir wissen, wir werden es jeden Abend erleben können, einen Urlaub, einen Sommer lang, werden wir das allabendliche Schauspiel verfolgen.
Aller Müdigkeit zum Trotz sind wir unersättlich.

Die Freude des Wiedererkennens.
Die Wiese steht höher als sonst.
Veilchen, Glockenblumen, Ehrenpreis.
Am Waldrand leuchten Weidenröschen.
Noch hat die Kalenderblume des Sommers nur Knospen.

Über uns Mauersegler.
An den Giebelseiten des Hauses haben sie ihre Nester.
Unablässig kurven sie umher,
kehren zurück, die Jungen zu füttern.
Schon sind sie wieder fort, zu neuen Kreisen.

Unter den Kiefern wilde Maiglöckchen, und oben, im Geäst, spielen vier junge Eichkätzchen.

Zu Anfang die Freude des Wiedererkennens,
alles ist wie immer.
Also bin ich auch noch.

Das Wiedererkennen.
Es gibt dem erschöpften Großstädter Sicherheit.
Er ist aufs Land gereist
und muss das Wahrnehmen erst wieder lernen.
Denn im Alltag sind ihm Hören und Sehen vergangen.

Ist Urlaub das Gegenstück zum Alltag?
Ich finde das fragwürdig,
weil das Leben dann aufgeteilt wäre.
Denn ich habe nur eines.
Und das will ich ganz.

Wir fragen uns, weshalb wir Urlaub machen und wovon.
Weshalb wir reisen.
Und wohin.
Was, meinen wir, hier zu finden?

Das haben wir immer gefragt.
Uns und einander.
Besonders im Alltag.
Während wir dem Broterwerb nachgingen.

Jede Lebenstätigkeit war immer Sicherung des Lebens.
Das biologische Prinzip.
Sicherung des Überlebens.
Der Art und des Individuums.

Die Lebenstätigkeit des Menschen kann ursprünglich nicht gegen dieses biologische Prinzip gerichtet gewesen sein, sonst gäbe es uns nicht.
Der Mensch der Vorzeit reiste nicht in den Urlaub.
Haben wir uns in unserer Lebenstätigkeit heute übernommen?
Leben wir über unsere Kräfte?
Ja. Wir sind uns dessen ganz sicher.
Müssten wir sonst Urlaub machen?
Warum machen Sie Urlaub?
„Im Urlaub Bedürfnisse befriedigen, die im Alltag verdrängt werden, ausspannen, auftanken",
antworten mir viele.

Wir machen Pläne.

Ich möchte nach Norrboda fahren, zu den Höfen mit den 500 Jahre alten Blockhäusern. Immer wieder will ich sehen, wie die Menschen früher hier lebten.
Dürftig und bescheiden, nicht selten in großer Not. Für immer mehr Menschen gab der Boden zu wenig her. Noch in den Zwanziger Jahren mussten sie gemahlene Baumrinde unter das knappe Mehl mischen, wenn Brot gebacken wurde.

Die jungen Leute mussten in die Wälder ziehen und

Wiesen suchen, auf denen das Vieh weiden könnte. Oder wenigstens Moore, die reichlich Gras hatten, damit sich das Heumachen lohnte. Schon im 13. Jahrhundert begann die Almwirtschaft, mit Auftrieb im Sommer und Abtrieb im Herbst. Viele Almen, *fäbodar*, wurden allmählich zu festen Wohnstätten, zu neuen Ortschaften. Die Besiedelung weitete sich aus.

Ja, und auf die Alm von Ärteråsen möchte ich.
Wo ich miterleben kann, wie Milchwirtschaft betrieben wurde, als die Mechanisierung der Landwirtschaft technisch noch gar nicht möglich war.
Ich könnte sogar lernen, unter den altväterlichen Bedingungen Butter und Käse zu machen.

Hatte Elsa nicht erzählt, sie hätten es heute schwer, für die Kurse dort oben Kühe zu finden, die sich noch von Hand melken lassen?
Es kommt oft vor, dass auf Ärteråsen Spielleute zusammentreffen und miteinander musizieren. Einmal kamen wir von Lindbodarna herauf. Noch im Wald hörten wir schon die Geigen, doch meinten wir, Insekten summen zu hören.
Zweifellos ist die Natur mit ihren zahllosen Geräuschen die Urmutter der Musik.

Ore, so heißt unsere Gegend, besteht aus den Dörfern Arvet, Östanvik, Sunnanhed und Norrboda, die alle um den Oresjön gruppiert sind, Näset am Skattungen, dann Furudal, welches an beiden Seen liegt, Dalfors an dem See Amungen, Furudals Bruk, am Oreälv, ferner aus Dalbyn und dem Einödsdorf Korsåsen.
Furudal ist der Zentralort.
Bevor die Strecke von Mora nach Voxna für den Personenverkehr geschlossen wurde, war Furudal Bahnstation. Geblieben sind das Postamt, zwei Banken, ein Hotel und eine Schule.

IFK Ore ist in der landesweiten 1. Eishockey-Liga, ohne jemals Meister geworden zu sein. Da hatte die Nachbargemeinde Leksand immer die Nase vorn.
Die Menschen von Ore kompensieren ihre Enttäuschung mit dem Stolz über Furudals Eissporthalle, in der die Eishockey-Nationalmannschaft trainiert.
Und weil Ruhm und Glanz so leicht abfärben, veranstaltet man Sommerferienkurse, in denen die Schuljugend des ganzen Landes erfahren kann, wie mit Puck und Schläger erfolgreich umgegangen wird.
Furudal oder Furudals Bruk sind auf jeder Landkarte verzeichnet.
Nicht etwa seiner Größe wegen, sondern weil es für die schwedischen Majestäten früher so bedeutsam war.

In Furudals Bruk wurden die Kanonen gegossen, mit denen Carl XII. seine Großmachtsträume verwirklichen wollte.
Und für friedlichere Absichten ist der Welt erster Wendepflug hier in Furudals Bruk produziert worden.

Wir fahren durch Furudals Bruk, wenn wir nach Lindbodarna wollen, wo 1945, im Sommer, zum letzten Male Kühe weideten.

Jetzt ist es hier völlig still.
Manchmal pfeift es in der Ferne wie von einem schnell fahrenden InterCity. Dann können wir in einigen Minuten eine Bö erwarten. Sie kommt von den Bergen Lapplands, das Trogtal des Oreälvs herunter, wird über die Baumwipfel fegen und, wie sie gekommen war, pfeifend in der Ferne verschwinden.
Danach ist es wieder so still, dass wir zwei Grashalme hören, die einander berühren und ein kratzendes Geräusch hervorbringen.
Morgens kannst Du von dem doppelten Ton eines Tautropfens geweckt werden, der von einer Tannennadel rollt.
Einmal klingt es auf, wenn er sich von der Nadel löst, das zweite Mal hörst Du ihn, wenn er auf den Boden schlägt.

Grundvoraussetzung jeder Viehhaltung ist frisches Wasser. Jede Milchkuh benötigt am Tag über hundert Liter.
So gesehen war die Alm von Lindbodarna gut versorgt,denn sie ist im Westen vom Oreälv begrenzt und wird von einem Bach durchflossen. Trinkwasser hole ich von der Quelle.
Tief unten im Bachbett steigt ein beständiger artesischer Strahl auf, der bewirkt, dass die Quelle auch bei starkem Frost noch Wasser gibt.

Im Moor ein Gagelstrauch.
Sein Duft lädt zum Träumen ein.
Am Wegesrand Linnea.
Gibt es eine zartere Blume?

Nicht schon im ersten Augenblick von den Eindrücken überwältigen lassen, die ich mir ein Jahr lang im Alltag versagt habe.

Im Alltag.
Im Alltag von allem entrückt.
Verrückt.

Was heißt es am Ende, ein Leben gelebt zu haben?

Brigitte weist mich darauf hin, dass noch unsere Großeltern in ihren Bedingungen gefangen waren, dass sie keinen Urlaub machen konnten.
„Schon meine Urgroßeltern waren auf Madeira und an der Riviera“, werfe ich ein.

„Das war für sie selbst so ungewöhnlich, dass deine Familie nach hundert Jahren noch davon spricht! Gib zu, dass es in der Menschheitsgeschichte nie zuvor möglich gewesen ist, wie heute auf die eigene Lebenstätigkeit Einfluss zu nehmen. Ich behaupte, wir sind heute freier als unsere Großeltern!“

„Wir sind es nicht, wir dürfen uns nur manchmal freier fühlen,“ gebe ich zurück, *„zum Beispiel im Urlaub!“*

Vielleicht im Urlaub!

Urlaub.
Die Reise zu sich selbst.
Die Reise zu den eigenen
Wünschen und Hoffnungen.
Denn es ist immer etwas offengeblieben.
Urlaub.
Die Reise zu den eigenen Illusionen.
Denn nur in Träumen und Märchen

werden Wünsche erfüllt, gehen Hoffnungen auf.

„Flyttfåglarna är framme“, sagen die Leute im Dorf, wenn wir angekommen sind:
„Die Zugvögel sind da!“
Zugvögel, die aus triftigen Gründen kommen und wieder ziehen.

Das tun wir ebenfalls.
Und wir können ebenfalls triftige Gründe anführen.
Es ist Sommer.
Als wir erfahren, dass Ingvar mit seinem Hausneubau fertig ist, freuen wir uns doppelt.
Denn wir haben Urlaub.
Und niemand wird uns in aller Frühe mit Hammerschlägen aus dem Bett holen.
Hier herrscht die Stille.

Wir schauen über den See.
Da liegt Torsmo, gute 6 Kilometer Luftlinie.
Im vorigen Sommer waren wir mit dem Kanu drüben, und auf Skogsholmen, der mehr nach Skattungbyn hin liegt, haben wir gezeltet.

Einmal hat uns auf der Rückfahrt ein Gewitter erwischt. Im Nu befanden wir uns auf dem Ozean mit

hochgehenden Wellen.
Da konnten wir nur den großen Bogen im Lee der hohen Ufer entlangfahren. Und als wir uns endlich bis nach Hause gekämpft hatten, wollten wir es nicht glauben.
Wikingers Lehrjahre.

Alle heizen hier mit Holz.
Die Winter sind hart.
Der bayerische Spruch, auf die ursprüngliche Bedeutung zurückgeführt: Und hat die Frau des Hauses viel Holz vor der Tür, kann sie froh sein.

Noch Anfang Mai lag der Schnee hier einen Meter hoch.
Für die Leute sind -30 °C am Tage kaum der Rede wert.
Wichtig ist ihnen, wann der See zufriert.
Dass er sich legt, wie sie sagen.
Legt sich der See schon lange vor Weihnachten, erwarten sie einen harten Winter, tut er es erst im neuen Jahr, verliert man kein Wort zu viel.

Wenn in Torsmo einer Holz hackt, hören wir es, als wäre unser Nachbar, Anders Pettersson, dabei, seinen Wintervorrat aufzufüllen.
Aber der hat längst vorgesorgt.
Er ist stolz auf seine Holzlege.
Wollte man sie abfahren,

wären mehrere Güterwagen notwendig.

Skattungbyn im Sonnenglast.
Auf dem Bergrücken über dem See.
Ingmar Bergman hat da ein paar Filme gedreht.
Mit dem Auto ist es eine halbe Stunde bis dorthin.

Und in der Ferne das Fjäll.

In eine Hangmulde der Vorberge gekuschelt,
liegt der Flecken Näckådalen.
Das sterbende Einödsdorf.

Die Jugend ist in die Täler geflüchtet.
Jetzt leben nur noch ein paar Alte dort.
Am Tage sitzen sie auf der Eingangsveranda ihrer Häuser und schnitzen an einer Schale oder an einer knorrigen Figur.
Die jungen Menschen ziehen den Job in der Industrie mit geregelter Arbeitszeit und Urlaubsanspruch kärglicher Landwirtschaft auf dem eigenen Acker vor.
In eleganten Autos kommen sie sonntags für ein Stündchen in ihr Heimatdorf gefahren, um Mutter oder Vater einen Besuch abzustatten. Auf der Dorfstraße parlieren sie in der Sprache der Städter und kehren den Mann von Welt heraus.

Näckådalens Häuser sind unser Barometer.
Wenn wir sie deutlich sehen, rechnen wir auf Regen.
Über den See schaut man die vierzig Kilometer sehr schnell, aber wenn wir nach Näckådelen wollen, müssen reichlich zwei Stunden für eine zügige Autofahrt angesetzt werden.
Wie gut, dass wir nicht nach Näckådalen müssen.

Ich halte immer nach einer Luftspiegelung Ausschau.
Seit ich eine an der Westküste gesehen habe, trage ich in meinem Kopf die Vorstellung, es müsse hier auch möglich sein, eine zu sehen.
Einmal frage ich Anders Pettersson.

Du liegst damit gar nicht so falsch, ist seine Antwort.
Eine Fata Morgana habe er hier schon gesehen.

Über dem Horizont hat ein ganzes Dorf mit Kirche gestanden. Im Fjäll gibt es keine Dörfer.
Und die anderen Orte der Gegend würde er am Kirchturm erkannt haben. Es war bestimmt ein Dorf aus Norwegen, meint Anders …

Fragment 26.05.1997

Brief an Werner und Barbara

Näset 11.02.1998

meine allwinterliche Bronchitis war für Brigitte Grund und Anlass, mich nach Schweden zu schicken.
Hier wird es mir erfahrungsgemäß bald besser gehen.

Am Freitagabend startete ich, um die Nachtfähre von Rostock zu erreichen. Eine gute Nacht auf dem Schiff und eine glückliche Fahrt bis in mein Dorf wurden zu einem unbeschwerten Urlaubsanfang.

Ein herrlicher Winter hier,
Sonne und Schnee, würzig-süße Luft.
Rehe ziehen an meinem Fenster vorüber.
Anders Pettersson hat eine Heuraufe für sie aufgestellt.
Mittags wandere ich auf dem Eis des Skattungen und denke an gar nichts mehr.
Die Birken am Ufer haben tiefrote Knospen, die Baumkronen sehen von weitem aus, als hätte man sie in Rotwein getaucht.
Das Land am anderen Ufer ist weit entfernt ebenso das Fjäll, es leuchtet nur schwach blaugrau, seine Schneefelder sehen aus wie Löcher in der Luft.

Der Schnee und die Luft schimmern in Orange, der Himmel hellgrün.
Ein Eichhörnchen springt seinen hohen Weg.

Auf dem Lande ist die Sicht auf das Leben eine andere.
Ich spürte das schon, als ich am späten Abend hier eintraf.
Man muss einfach mehr selbst tun als in der Stadt.
Den Schnee von der Einfahrt schaufeln.
Den Weg spuren.
Brennholz oder Wasser holen.
Und so weiter.

An mir selbst erlebe ich, wie die Werte, ja selbst die Perspektive sich auf dem Lande verändern. Dabei bin ich gar nicht der Romantiker, der nicht die Mühsal der Landbevölkerung sieht. Besonders, wenn sie keine Alternative hat, wenn die Menschen in dürftiger Bescheidenheit leben müssen.

Aber ich sehe auch ein, dass in der Großstadt nicht nur die Luft für den Menschen ungeeignet ist.

Ich gehe über das Eis des Skattungen und sehe das hohe Ufer, auf dem Karin und Anders Pettersson wohnen, auf dem ich mein Ferienhäuschen habe.
Der See liegt höher als gewöhnlich.

Sein Eis hat die Böschung angefressen, überall Risse und Abstürze. Anders fürchtet für seine Strandhütte, in der er Angeln und Netze aufbewahrt.
Seine vier Angelkähne liegen sorgsam aufgebockt.
„Die russische Flotte“, nennt Anders seine Boote, denn ohne Fehl und Tadel sind sie alle nicht mehr.

Ich gehe über das Eis des Skattungen, schaue hinauf zum Haus von Karin und Anders und bin plötzlich um Jahre zurückversetzt.
Der Abend ist schon vorangeschritten, draußen ist es kohlrabenschwarz.
Ein sonniger Spätherbsttag liegt hinter uns.
Das halbe Dorf sitzt in Anders und Karins guter Stube.
Die andere Hälfte wohnt in Stockholm. Uppsala, Örebro oder Eskilstuna und hält sich hier nur während der Sommerferien auf.

Es ist warm und gemütlich bei Anders und Karin.
Wir plaudern und trinken Kaffee.
Andere Getränke sind bei solcher Gelegenheit nicht üblich. Sie sind zu teuer und darüber hinaus anrüchig, obgleich die meisten nichts dagegen haben, heimlich einen zur Brust zu nehmen.
Im Gegensatz zu den Dänen haben die Schweden ein gespaltenes Verhältnis zu geistigen Getränken.

Anders ist in voller Fahrt uns zu erzählen, wie er seinen Schäferhund Herman vor einem Luchs gerettet hat. Sie waren Lingon pflücken.
Plötzlich war Herman verschwunden.
Nun, ja, das passiert im Wald öfter.
Aber Herman wildert nicht.
Er kommt sofort, wenn Anders pfeift.
Doch Herman kommt nicht, so viel Anders auch pfeift.
Stattdessen hört Anders merkwürdige Geräusche.
Er geht in die Richtung, aus der das Knurren und Fauchen zu hören ist.

Just in dem Moment, da Anders seinen Herman mit einem Luchs kämpfen sieht, klopft es hart an die Haustür.
Wir schauen einander an.
Wer sollte jetzt noch kommen?
Wir sind doch alle hier!

Anders geht nachschauen.
Wir hören Gepolter in der Diele und Geschrei.
Wir stürzen hinaus.
Und sehen, dass Anders Herr der Lage ist.
Die beiden anderen Figuren sind es offensichtlich nicht mehr.

Sie können sich kaum auf den Beinen halten.

Und von ihnen läuft Modderwasser überall hin auf den Fußboden.
Als hätten sie in einer Pfütze gelegen.
Anders reicht einem das Telefon.
Der wählt mit Mühe, dann lallt er etwas ins Telefon, der andere hält sich am Türpfosten und brüllt seine Botschaft von dort aus, was ungeheuer zur Verständigung beitragen dürfte.

Man ist sich nicht sicher, ob unter den verdreckten Gestalten uns bekannte Menschen verborgen sind. Im Kreis unserer Abendgesellschaft werden Namen aufgezählt.
Man einigt sich schließlich auf Birger Sjödin und Jan-Erik Lind, den Fleischer.
Anders lässt sie auf der Dielenbank Platz nehmen und gibt ihnen heißen Kaffee zu trinken.
Die beiden tropfen und trinken hastig.
Mehrere Tassen kippen sie in ihre müden Münder.
Karin sieht, dass sie neuen Kaffee brühen muss.
Eine halbe Stunde später ist Birgers Frau mit dem Auto da, die beiden abzuholen.
Alles grinst.
Ich sehe, wie peinlich ihr die Situation ist.
Schneller, als die beiden Männer denken können, hat sie sie schon in ihren kleinen Opel gestopft.
Und durch das offene Seitenfenster ruft sie tausend

Entschuldigungen, während sie davonbraust.

Karin liegt auf den Knieen und wischt die Schmutzpfützen vom Fußboden.
Zwei Frauen reichen ihr die Wischtücher zu und nehmen die schmutzigen entgegen, spülen und wringen sie aus.
Die drei Frauen philosophieren über die Männerwelt.
Wir setzen uns wieder in unsere Runde, beruhigen uns allmählich, und warten auf Anders, der uns den Vorfall erklären soll.

So viel habe Anders verstanden, dass Birger und Jan-Erik am Vormittag von Sunnanhed aus zum Fischen hinausgefahren seien. Leider habe es nur Missgeschicke gegeben.
Angebissen habe kein einziger Fisch. Deshalb seien sie vom Oresee herüber zum Skattungen gefahren, immer weiter, aber nirgends hätten sie auch nur eine Flosse gesehen.
Dann sei der Tank leer gewesen und sie hätten rudern müssen.
Die Orientierung hätten sie auch verloren und am Ende sei es sogar dunkle Nacht gewesen. Sie seien auf das einzige Licht zugefahren, welches sie sehen konnten. Eben das von Anders und Karins Wohnzimmer.

Das tiefgehende Boot habe schon weit vor dem Ufer den Grund berührt, so dass die beiden aussteigen und den Kahn an Land ziehen mussten.
Sie werden wohl auf allen Vieren gekrochen sein, ein Glück, dass sie nicht ertrunken sind.

„So wie sie aussahen, werden sie wohl auch die Uferböschung hinauf und bis zum Haus auf dem Bauch gekrochen sein“, meint Karin, die gerade hereingekommen ist.
Dann haben sie angeklopft und als Anders öffnete, hätten sie gefragt, wo sie überhaupt seien.
„In Afrika“, habe Anders geantwortet und sich über die blöden Mienen der beiden amüsiert.
Wir lachen, denn aus unserem Dorf wäre diese Geschichte keinem passiert.

Die Sonne hat alle Farben der Palette hervorgezaubert, die Luft ist würzig-süß.
Ein herrlicher Wintertag.
Noch fühle ich mich nicht so richtig fit, aber wenn es mir wieder besser geht, werde ich die Ski nehmen und ein wenig durch die Gegend rennen.

Strindberg

Heute zur Eröffnung einer Ausstellung
von Strindberg-Fotografien
in der Akademie der Künste gewesen.

August Strindberg.
Hauptsächlich bekannt als großer Dichter.
Wenigen nur ist geläufig, dass er ein umfassend
gebildeter, gar gelehrter Mann,
Wissenschaftler und Künstler war.

Seine wissenschaftlichen Forschungen waren in
höchstem Maße unkonventionell,
seine Gemälde nehmen in frappanter Weise
ein Ergebnis vorweg,
was für die künstlerische Elite Europas noch ein
halbes Jahrhundert der Auseinandersetzung
forderte.
Mich wundert nicht, dass er mich seit Jahrzehnten
gefangen genommen hat und beschäftigt.

Heute also seine Fotografien.
Ein Wortkünstler sucht ein neues Medium.
Das Warum bleibt noch unbeantwortet.

Vielleicht haben die Worte zu viel gefordert.
Präzision.
Oder persönliches Einstehen.
Denn sie legen fest, wo es um das Fließende,
vielleicht das Unverbindliche, gehen sollte.

Vergessen wir nicht, Strindberg hasste die
akademische Konvention!

„*Wenn die Worte nicht mehr tragen,
müssen wir uns der Bilder bedienen*",
hatte ich kürzlich gesagt.
Jetzt finde ich mich bei Strindberg wieder.

Selbstverständlich liegt es an uns beiden,
an Dir und mir,
wenn die Verständigung nicht gelingt.
Dein Wort sagt vielleicht das Gleiche,
meint aber etwas anderes.
Deine Hermeneutik ist nicht die meine.
Das kann in die Irre leiten.

Das Bild hat apriori einen breiteren
Interpretationsspielraum als das Wort.
Wir wissen darum und gehen offener mit ihm um.
Und des Weiteren liegen unsere Emotionen

wie ein Teppich auf ihm.
Ein Bild überzieht uns mit einer kaum zu
bewältigenden Datenfülle.

Wir sind allzu beschäftigt,
mit Zuordnung und Deutung,
als dass wir schon im Augenblick begriffen,
was seine Aussage sein könnte.
Wir nehmen uns Zeit zur Interpretation.
Eine Chance zweifelsohne.
Aber auch eine Gefahr.
Wir könnten ja ungehindert bis in die
Unverbindlichkeit gehen.

Strindberg meinte gar, das Auge betröge uns,
weil nach seiner Meinung
Wahrnehmung und Erinnerung einander
überlagerten.
Etwa: Wir sehen, was wir sehen wollen.
Einzig die Kamera sei unbestechlich und würde
ein objektives Bild malen,
ja, die Seele eines Menschen abbilden können.

Vielleicht ist es so,
dass uns ein Bild aus dem Kerker zu befreien
vermag,

den die Gefühle aus der Erinnerung für die
Wahrnehmung bereiten,
aber das Bild vermag darüber hinaus der
Erinnerung die emotionalen Fesseln abzunehmen
und sie auf unbekannte Wege führen,
die sie von sich aus und allein nicht gehen würde.

Wege, die wir Träume nennen.
Träume, die uns auf ungeahnte Möglichkeiten
aufmerksam machen.
Träume, die unserer Seele Flügel wachsen lassen.
Träume, die uns davontragen.

Zurück kehren wir allemal viel zu früh.

06.12.1998

Midsommar

Heute melden wir uns aus Schweden.
Es ist Midsommar, die Zeit, in der man nach Schweden reisen sollte.

Will man das Midsommarfest in seiner Bedeutung für die Schweden verstehen, muss in Betracht gezogen werden, dass der Winter hierzulande eine schier unendliche Jahreszeit ist, in der es am Tage fast immer dunkel, mindestens aber düster ist, und für uns unvorstellbar kalt, Temperaturen von -40 °C gelten hier in Furudal als normal, die Eisdecke des Skattungen beeindruckt nicht nur den Mitteleuropäer.

Sie soll in guten Wintern eine Dicke von 1 m erreichen. Ich erlebte „*nur*" eine gut 50 cm dicke Eisschicht, da donnerte es wie von Geschützlärm, wenn die Spannung zu groß wurde und das Eis riss. Oder die 5 m hohe Barriere, die der See an seinem Ufer aus Eisschollen nach einem Sturm auftürmte. – Wer sehen kann, für den ist der Winter in Schweden farbiger als der Sommer, wenn ich nur an die betörenden Übergänge vom blauen Schatten zu den sonnenbeschienenen Flächen denke!

Der Sommer ist die sehnsuchtsvoll erwartete Jahreszeit, da die Sonnenstrahlen Herz und Seele erwärmend auf die Haut prallen. Die Jahreszeit, in der man zum Baden geht in Meer, See oder Fluss, oder in der man schnell das Gesicht der Sonne zuwendet, im öffentlichen Park etwa, oder auf der Straße, zwischen zwei Einkäufen. Es ist die Zeit, in der es jedem wieder bessergeht, denn vielen Schweden setzt die Dunkelheit so sehr zu, dass sie Gefahr laufen, eine Depression zu bekommen. Da ist die Sommermitte eine Zeit der Umkehr, das Leben kehrt zurück, die Dunkelheit, die Kälte gehen.

Und mit welcher Wucht der nordische Sommer das Langentbehrte zurückbringt! An einem 10. Mai sah ich hier einen meterhohen Schneehaufen in sich zusammensinken; das Schmelzwasser war kaum in den See gelaufen, als auch schon die ersten Blumen blühten!

Spät kommt der Frühling. – Der Sommer ist intensiv und will das Defizit ausgleichen. Der Höhepunkt des Jahres ist Midsommar.

Midsommar ist das Fest, das alle bewegt, denn niemand bleibt unberührt vom allgemeinen Hoffen und Sehnen. Folglich spricht alle Welt davon, wie man Midsommar feiern werde. Die Familie kommt zusammen, am liebsten auf dem Lande, in der Natur, man feiert gemeinsam mit gutem Essen. Im Radio gibt es am laufenden Band Sendungen über das bevorstehende Midsommarfest, die Hörer sind aufgefordert, ihre besten Rezepte einzusenden oder live in die Sendung zu telefonieren.

Zu Weihnachten kommt traditionell Schinken auf den Tisch, Midsommar feiert man mit einem Sillbord. Viele Sorten eingelegten Herings mit klarem Schnaps zum Hinunterspülen garantieren eine gelungene Feier.
Wenn die Gäste *„Snapsvisor“* zu singen beginnen, brauchen die Gastgeber sich nicht mehr zu sorgen, ob sich ihre Gäste auch wohlfühlen.

Wir haben *„majstångsresningen“* in Furudals Bruk gefeiert. Es ist Midsommar, das Fest, welches für die Schweden mindestens so wichtig ist, wie das Weihnachtsfest.
Ein Höhepunkt im Jahr jedenfalls. Jedes Dorf feiert Midsommar. Nicht am 21.06., wohin es eigentlich gehörte, sondern am darauffolgenden Wochenende, und in der Zeit danach, das war den Wirtschaftsbossen Schwedens angenehmer so, weil zu Midsommar alle produktiven Aktivitäten einschlafen.
Das Aufstellen des Maibaums ist die zentrale Feier eines jeden Dorfes. Dazu versammelt man sich, festlich

gekleidet, meistens in Tracht, am Festplatz, wo der Baum schon bereitliegt. Dieser ist eine extra lange Stange (Format Fahnenstange), die bereits von den Frauen des Dorfes mit Birkengrün bekleidet, d.h. umwunden worden ist.

Oben auf der Stange sitzt ein Hahn aus Holz oder ein schwedischer Wimpel, manchmal beides. Furudals Bruk ist ein, (für Schweden typisch: bruk = Werk oder ein Gut, mit Herrenhaus und Gesindehäusern), Eisenwerk aus dem 18. Jahrhundert, welches in primitiver Weise Moorerz verhüttete und in Handarbeit weiterverarbeitete. Furudals Bruk hat den Ort Furudal berühmt gemacht, er war auf allen Landkarten jener Zeit verzeichnet, zum Teil noch heute, weil hier nahtlose Ankerketten geschmiedet werden konnten und, weltweit eine technische Sensation, der Wendepflug erfunden wurde.

In Furudals Bruk benutzt man seit alters her kein Birkenlaub, sondern farbiges Papier zum Schmücken des Baumes. Das ist für Schweden einzigartig. Ursache ist, dass die Bruksarbeiter keinen Zugang zur dörflichen (bäuerlichen) Allmende hatten. Und deshalb wollten sie nicht zurückstehen, weshalb sie auf buntes Krepp-Papier auswichen.

Vor dem Herrenhaus treffen sich die Spielleute und holen den Brukspatron mit seiner Familie ab. Mit traditioneller Musik, es gibt spezielle gånglåtar für diesen Zweck, marschiert man nun die 200 m über die Brücke des Oreälven, wo die Menge schon auf den Zug wartet. Ist der Festzug nun vollständig eingetroffen, geht man daran, unter fortwährendem Spiel der Musiker das Aufstellen des Maibaumes zu organisieren. Dazu übernimmt eine Autorität des Ortes das Kommando, denn es gilt, *„kräftige Hände, maskuliner oder femininer Art“* (Originalzitat) zu rekrutieren.

Zuletzt sind genügend Männer da, (es sind nur Männer, die Frauen trauten sich wohl nicht), sie ergreifen die Stangen, mit welchen der Baum in die Höhe gehoben werden soll. Jeweils zwei Holzstangen, an einer Seite mit Stricken oder Ketten miteinander verbunden, so dass sie sich überkreuzen. *„Klukor“* genannt, werden sie an bestimmten Stellen unter den Baum gesteckt, so dass der Baum, der am Stammende in einer Halterung steckt, gleichmäßig angehoben werden kann. Die Prozedur ist eigentlich ein Kippen, der Drehpunkt liegt am Stammende in der Halterung. Jedes Hochheben erfolgt gemeinsam unter Mitwirkung des Publikums, das die Männer lautstark mit *„Ho-Hee!“* anfeuert.

Wenn der Baum endlich aufgestellt ist, applaudiert das Publikum enthusiasmiert und die Spielleute nehmen die Begeisterung auf und setzen sie in ihrem Spiel fröhlich um. Jetzt steigt der Brukspatron auf eine Holzkiste, die ihm ein Podium sein soll und hält eine Rede, in der er Ereignisse des vergangenen Jahres erwähnt und einen zuversichtlichen Ausblick auf das neue Jahr gibt. Er beschließt seine Rede mit einem vierfältigen „*Hurra auf Midsommar!*“.

Es sei erwähnt, dass der Patron noch neu in seiner Funktion ist; Lennart Öhnell, der frühere Brukspatron, hatte nach vielen Jahren aufreibender Tätigkeit, mit welcher vieles für das Bruk und für Furudal zustande gebracht worden ist, verkauft. Lennart hatte sich immer sehr feinsinnig von der Geschichte und der Atmosphäre des Bruks inspirieren lassen, so dass seine Reden zu kulturhistorischen Perlen geworden sind. Leider ist jetzt eine andere Zeit angebrochen!

Die Feier wird abgeschlossen mit einem gemeinsamen Tanz um den Midsommar-Baum zur Musik der Spielleute; dabei werden zwei Ringe gebildet, die kleinen Kinder bilden eine Kette, die innen um den Baum herumtanzt. Die größeren Kinder und die Erwachsenen fassen sich an den Händen und tanzen im äußeren

Ring. Diesen Ringtanz, „*långdans*", kennt man auch bei anderen festlichen Anlässen, etwa zu Weihnachten, da geht es um den Tannenbaum, oder zu Betriebsfesten, da zieht man singend von Raum zu Raum.

Ich habe schon viele Midsommar-Feiern erlebt, interessant waren mir diesmal die Texte der Singspiele, ihnen widmete ich meine besondere Aufmerksamkeit. Es geht immer um Alltagserfahrungen, das mag das Umwerben eines Mädchens sein oder die häusliche Arbeit: „*Was machen wir am Montag? Am Montag waschen wir unsere Wäsche. Was machen wir am Dienstag? Am Dienstag hängen wir die Wäsche auf; am Mittwoch ...; mangeln ...; plätten ...; usw.*" Vergleichbar mit „*Zeigt her, Eure Füßchen ...*" – oder die Arbeit des Bauern im Jahreslauf wird besungen: pflügen, säen, mähen, dreschen ... sind die Tätigkeiten, die besungen und in Gesten dargestellt werden. Auch die drei alten Weiblein, die zur Kirmes gehen und sich vorstellen, welchen Vergnügungen sie nachgehen wollen: Bonbon essen, Karussell fahren und sich vergnügen. In einem Lied darf man an jene Zeit denken, da Karussell fahren unterschiedlich kostete: „*10 für die Großen und 5 für die Kleinen*", das galt vermutlich den Karussellen, die von Menschenkraft bewegt wurden, gegenüber den mit Motorkraft angetriebenen.

Auch der Spott fand sein Ziel. Vielleicht ist es sogar ein emanzipatorischer Moment, wenn der Sohn des Pfarrers als Krähe bezeichnet wurde, immerhin wurde ihm abgesprochen, kutschieren zu können. Das Ergebnis, dass der Wagen von Graben zu Graben schleuderte, wird ja sehr eindrücklich im Tanzspiel dargestellt. Für die Kinder ist es der Höhepunkt, wenn der Wagen im Graben landet!

Weil jedes Dorf seine eigene Feier hat, ist es schwierig, die Termine so zu koordinieren, dass man Gelegenheit finden kann, möglichst die zu sehen, für die wir die Anreise unternommen haben.

Vorher waren wir nämlich in Skattungbyn. Das ist das Dorf, das Ingmar Bergmann berühmt machte, indem er dort Aufnahmen für seine Filme *„Jungfrukällan"* (Die Jungfrauenquelle) und *„Nattvårdsgästerna"* (etwa: die Abendmahlsgäste, dt. Titel: Licht im Winter) machte. Das Dorf ist ungewöhnlich gut erhalten, seine Höfe in alter Blockbauweise haben die charmante *„Patina"* des vom Wetter gepeitschten Holzes. Das Dorf liegt einige hundert Meter vom See Skattungen entfernt, auf den Moränen eines eiszeitlichen Gletschers, oder sind es die tektonischen Verwerfungen, die der gewaltige Einschlag eines Meteoriten vor etwa 50 Millionen Jahren ausgelöst hatte? Jedenfalls liegt das Dorf sehr reizvoll. Man hat einen weiten Rundblick von hier auf die blauen Berge und die Wälder, die erst in Lappland enden.

In Skattungbyn sind die Midsommarfeiern, nach Meinung der Leute von Dalarna, die schönsten. Hier wird das Fest von Pelle Jakobsson eröffnet. Der alte *„riksspelman"* bläst eine *„fäbod"*-melodie auf der *„näverlur"*. Also eine Melodie, die während des Viehhütens auf der Alm entstand. Dort hatte man Zeit für so etwas, man blies auf allem Möglichen: Luren, aus Kiefernstämmchen gefertigt, die man mit Birkenrinde, die in schmale Streifen geschnitten war, umwickelte. Oder auf Kuhhörnern, die man aushöhlte und geschickt aufbohrte. Die Melodien, die man auf diesen Instrumenten hervorbringen konnte, liegen sämtlich in der Naturtonreihe und klingen für unsere Ohren vielleicht etwas zu wehmütig. Sie hatten alle einen sehr praktischen Zweck: Mit ihnen konnten dem weit entfernten Heimatdorf wichtige Mitteilungen signalisiert werden, zum Beispiel, wenn man Hilfe benötigte.

Die Festveranstaltung in Skattungbyn beginnt auf einer Wiese oberhalb des Dorfplatzes. Pelle Jakobsson bläst auf der Näverlur. Ein Chor singt traditionelle Lieder. Auch hier fleißige Spielleute. Die Festrede hält eine

Dorfautorität. Hier ist es der Pfarrer. Dann kommt ein Sommergast zu Wort, er spricht davon, wie es ist, aus Skåne nach Skattungbyn zu kommen. Zum Abschluss der Rede überreicht er dem Festkomitee eine persönliche Spende in Höhe von 1.000 Kronen, was dankbar mit Beifall beantwortet wird.

Zum Aufstellen des Maibaums begibt man sich nun auf den Dorfplatz 50 m unterhalb der Festwiese. Die Spielleute ziehen voran, das Publikum, das zur Feier des Tages Kränze aus Wiesenblumen auf dem Kopfe trägt, folgt. Man stellt sich im Rund der Wiese auf und verfolgt, wie die Männer sich die Klukor nehmen und die Anweisungen des Vormannes erwarten. Nun trifft ein Zug Kinder ein. Sie tragen eine Girlande und zahlreiche Ringe, die aus Birkenzweigen geflochten sind. Die Kinder wurden schon erwartet. Viele Hände nehmen ihnen das Grün ab und schmücken damit den Maibaum. Dieser ist bereits üppig mit Birkengrün umwunden. Der Vormann richtet noch einmal die Girlanden, befestigt die Ringe, in denen der Maibaum geführt wird, dann kann das Aufrichten beginnen. Mit „*Ho-Hee*"-Rufen wird der Baum bald in seine traditionelle Stellung gebracht.

Ich sage zu Brigitte, dass mich das Tanzen ermüdet

habe und dass ich nach Hause wolle. Deshalb sehen wir nicht mehr, wie „*Rättviks folkdanslag*“ den Tanz um den Maibaum eröffnet. Für uns ist der Tag noch nicht beendet, wir wollen noch nach Furudals Bruk.

Heute waren wir wieder in Furudals Bruk. Der Schmied hatte „*Tag der offenen Tür*“, da konnten wir ihm bei der Arbeit zusehen und in der Werkstatt stöbern. Das Schmiedehandwerk hat mich schon als Kind fasziniert. Wenn vor der Giesensdorfer Schmiede Pferde beschlagen wurden, rochen wir das verbrannte Horn der Hufe zu Hause und wurde nicht gerade gegessen, sauste ich mit „*Affentempo*“ zur Schmiede und schaute zu. Bald kannte mich der Meister und als mein Vater mich mit einer Skizze für einen Maueranker zu ihm schickte, war unsere Bekanntschaft besiegelt.

25.06.2004

Hindsholm II

2004

Meer von drei Seiten, ein Bodden obendrein,
Moränen.
Dünen.
Wikingergräber.
Baumumkränzte Gehöfte.
Vogelsang fällt in die Stille.
Niedere Häuschen ducken sich.
In Kiefernknicks und Rosenhecken.
Wind treibt Wolken über Meer, Land und Himmel.
Grün noch das Korn, der Raps schon gelb.
Durch mannshohes Gras.
Dessen zärtliche Wärme an früher denken lässt
Über Blumen hinweg.
Die sonst nur in Asiens Steppen leben.
Kiebitze fürchten um ihre Gelege.
Butterstullenwerfen.
Wie in der Kindheit schon.
Schmerzliche Sehnsucht.
Will mich hinter den Horizont locken.
Und Vorbote des Alters.
Bleib!
Jetzt.

Spuren

Spuren

Den Nachklang der Vorfahren in uns nennen wir Kultur.

Die Toten leben, so lange wir leben.
Die Toten leben in uns.
Die Toten in mir werden immer zahlreicher.

Der Wunsch, in anderen zu überleben.
Deshalb werden Kinder in die Welt gesetzt.

Mein Wunsch, in anderen zu überleben.
Sie sollen sich meiner erinnern.

Fatal: Wenn ich so indifferent war,
dass ich mich in niemandem festsetzen konnte.
Deshalb positive oder negative Erinnerung
in anderen Menschen hinterlassen.

Die Bedeutung eines Menschen für einen anderen.
Materielle Versorgung?
Philosophische Auseinandersetzung?

Lebenstätigkeit in Kooperation.
Das Individuelle:

„Niemand sonst könnte diese Position einnehmen."
Ist das denkbar?
Wo wir doch alle austauschbar sind?

Meine Individualität determiniert der andere.
Wir lassen es meistens nur nicht so weit kommen,
dass wir das erkennen können.

Meine Botschaften sind Fragen.
Meine Botschaften sind Angebote.

Hört mich denn keiner?
Ich warte auf die Resonanz.
Wo sind meine Spuren?

Den Nachklang der Vorfahren in uns nennen wir Kultur.

Schlussbemerkung

„*Splitter und Späne*“ als Titel?

Ich denke an eine Tischlerwerkstatt, an den Duft von Holz und an das Zischen eines Hobels, wenn er über ein Werkstück fährt. Was Sie hier in der Hand halten, sind auch nur Splitter und Späne. Also das Produkt, das auf dem Weg, mal links mal rechts, herabfiel.

Volker Paulisch, der Widmungsträger, mein lieber Cousin aus Bad Bramstedt, seines Zeichens Lehrer an einem Gymnasium vor den Toren Hamburgs, hat zu Lebzeiten meiner Familie und mir mit vielen Denkanstößen geholfen.

Das Büchlein hat zwei Wehmütter, denen hier zu danken ist:
Zum einen ist das meine Lektorin, Frau Dr. phil. *Heidrun Adriana Bomke*, welche mir mit viel Ermunterung und liebevollem Zureden geholfen hat, die Selbstzweifel zu überwinden.
Zum anderen möchte ich meine Ehefrau *Brigitte* erwähnen, welche eigene Arbeiten zurückstellte, um mich, wie so oft, tatkräftig zu unterstützen.

Darüber hinaus danke ich den starken, kreativen Männern *Svante Paulisch* und *Konradin Resa*, die ihre Freizeit opferten, um Wesentliches beim Zustandekommen dieses Büchleins zu leisten.

Heinz Paulisch, Berlin im Januar 2019

Begleitworte

Ja, Heinz Paulisch, wir hören dich. Wir hören dir zu. Deine Worte erreichen uns. Gut, dass du sie nun laufen lässt!

„Hört mich denn keiner?“
Die Worte von Heinz Paulisch sind eine Einladung zum Dialog.

Splitter und Späne fallen in die Werkstatt seines Lebens. Nicht beliebig. Keineswegs.
Vielleicht beiläufig gesammelt? Eine offene Lebenssammlung: 16 Fragmente und Kurzgeschichten, 20 Gedichte, 8 Reisebilder. Eine Auswahl, die das Repertoire eines über Jahrzehnte Schreibenden zeigt.

Ein wacher staunender Blick. Eine feine Feder, gehalten mit einem verletzten, mit einem wiedergeborenen und mit einem so sehnsuchtsvollen Herzen. Manchmal geführt von einem skeptischen Erwachsenen, einem Wahrheitssucher und Analytiker:
„Was heißt es am Ende, ein Leben gelebt zu haben?“

Dann wieder angeführt von einem ganz flinken,

lebensneugierigen Buben, dem ich gleich nachrenne, wenn er mit einem *„Affentempo"* zum Schmied läuft. Ja, Heinz Paulisch, du kannst in deinem Schreiben das Kind entfesseln, das du einmal warst und noch bist. Ich vermag sogar seine trippelnden Schritte zu hören.

Ein andermal lausche ich mit dem Poeten den Tautropfen, wenn sie in seiner geliebten Heimat Furudal in Schweden den Tag anklingen lassen. Sehe die Linnea im Moos. Gehe an der Seite des lustvollen Flaneurs ins Helle. Ja, einen kleinen Ausflug! Rieche die Provence und lasse den Klang des Satzes in mir nachhallen:
„Alle Blumen haben ihre wilden Mütter."

Ich weine auch mit ihm, wenn er schreibt:
„Was hatte ich nicht schon alles als Kind erlebt!
Das Elend der Menschen in mir."
Und dann:
„In jener Nacht ist ein Panzer in mir zersprungen."

Ein Panzer ist zersprungen! Welch Erleichterung und sicher auch welch Schmerz, wenn die Kruste der tief verschlossenen Wunden aufgeht und Gefühle fließen können. Wenn Menschliches sich zeigen darf. Ich fühle es beim Lesen – Öffnung geschieht.

Heinz Paulisch lässt uns teilhaben an den lebenslangen inneren Bewegungen eines Kriegskindes. Noch einmal das Thema einer ganzen Generation. Ich sehe so viele Menschen vor mir, die ich als Biografin begleitet. Ich sehe meine eigenen Eltern und wünsche mir, dass Heilung sein darf. Dass ihr ohne Krieg in euren Seelen leben und friedvoll sterben könnt. Welch wertvolles Erbe für uns Nachkommen.

Immer wieder tiefe Berührung.

Zutiefst essentielle Fragen fallen in diese Lebenswerkstatt: Krieg und Verletzung, Beruf und Berufung, Individualität und Partnerschaft, Liebe und Sehnsucht, Krankheit und Behinderung, Alter und Tod. Immer wieder der Ruf nach Freiheit! Brüche, Grenzen und Wandlungen eines mutigen Menschen, der Austausch sucht und uns mitnimmt zur *„Insel Mensch“*, die wir mit ihm besuchen.

Ich denke beim Lesen an R.M. Rilke und seine Sätze an einen jungen Dichter: „... *Geduld zu haben gegen alles Ungelöste in Ihrem Herzen und zu versuchen, die Fragen selbst liebzuhaben wie verschlossene Stuben und wie Bücher, die in einer sehr fremden Sprache geschrieben sind. Forschen Sie jetzt nicht nach den Antworten, die*

Ihnen nicht gegeben werden können, weil Sie sie nicht leben könnten. Und es handelt sich darum, alles zu leben. Leben Sie jetzt die Fragen. Vielleicht leben Sie dann allmählich, ohne es zu merken, eines fernen Tages in die Antwort hinein."

Ja, lieber Heinz Paulisch, du hast viele Fragen. Also bist du noch jung! Belade weiter Segelboote mit deinen Träumen, wie du selbst schreibst. Vielleicht ist das Leben etwas, was in jedem Moment gelingen kann?, so frage ich. Vielleicht sind Politik und Ideologie nur Makulatur? Vielleicht ist diese große absolute Suche nach einem ganzen Sein a la Goethes *„Dichtung und Wahrheit"* eine unglaubliche Überforderung und Überhöhung?

Mir scheint, dass der Autor schon durch die Gestalt seiner Texte Antwort gibt:

> Fragmente, die für ihn wesentliche Episoden und Figuren quicklebendig machen: der 1. Freund *„Bubo bubo"*, der Vater, die Großeltern, Berliner Kriegs- und Nachkriegsgeschichten, die seine Liebe zum Leben *„wie aus dem Hut"* vor uns hinstellen.

Gedichte, die zarteste, zerbrechlichste und klangvollste aller Gattungen. Und welch Liebesgedichte sind da zu lesen! „*Ich schenke dir meine Tränen*" ist eines davon. Und welcher Schalk spaziert da auch herein, wenn der Macho mit Tucholsky und der Lust spielt!

Reisebilder – „*Abhauen! Einfach weggehen. Mal für eine Zeit nichts sehen und hören müssen von dem, was du täglich um dich hast. Aussteiger auf Zeit.*" Ein Traumbild und Lebensausflüge nach Frankreich, Polen, Schweden, zu Strindberg und den Farben der Landschaften im schwedischen Midsommar als kostbare Lebenszeit.

Immer wieder Weitung und Weite. Heinz Paulisch entfaltet vor uns die „*Poesie seines Lebens*".
Seinen Lebensreichtum.

Der Poet und Psychologe, der Essayist und lakonisch-fantasievolle Erzähler, dessen Worte so nah mit dem Atem des Seins verknüpft sind; das Kriegskind, der Wanderer, der so tief in Berlin und Schweden Verwurzelte und genussvoll Umherschweifende; der Liebe suchende, Liebe lernende und Liebe gebende Mann Heinz Paulisch – der Autor von *Splitter und*

Späne– ist auf dem ehrlichen Weg in sein freies Sein. Das sein Credo.

Dafür mein so herzvolles Dankeschön.

Meine Seele gibt der Sammlung ein Gedicht hinzu:

Nähe
Im warmen Lächeln meiner Haut
Atmet der Duft der Liebe.

Ich wünsche dem wort- und erfahrungsreichen und wie eine Lebenstischlerei duftenden Buch offene Leserherzen. *Splitter und Späne* können leicht aufgesammelt werden und sich spielerisch mischen.

Einen weiteren Wunsch äußere ich noch:
Mögen sich in deiner Seele,
lieber Heinz Paulisch,
Frieden und Liebe ganz ausbreiten.
Mögen die lebendigen Atemzüge die Schatten des Vergangenen umarmen.
Ohne Skepsis. Ohne Kampf.
Ruhig. Ganz. Weit.

In Liebe und Vertrauen.

Ist es doch so, wie du schreibst:
„Es ist die Liebe, die uns den Optimismus bringt."

Es darf sein. Wie ein Lächeln. Einfach so.
Jetzt!

Heidrun Adriana Bomke · 31. Januar 2019 · Caucana an der Süd-ostküste Siziliens

FSC
www.fsc.org
MIX
Papier | Fördert
gute Waldnutzung
FSC® C083411